문학 속

바다-이미지

문학 속 바다-이미지

정기남 지음

바다로 들어가는 말

> 바다 속에 내가 살고
> 내 속에 바다가 산다
> ― 한승원, 『내 고향 남쪽 바다』「작가의 말」중에서

 이 책은 친절하지 않다. 바다가 무심한 것처럼. 독자가 여기 소개하는 문학작품들을 이미 읽었다는 전제 하에 이 글을 썼다. 인용 표기 등은 가급적 생략했다. 독자가 이 글을 읽어 나가면서 바다를 생각해 가는 흐름을 끊고 싶지 않아서다. 아직 읽지 않은 독자라면 이 글을 한 흐름으로 읽고 나서 해당 작품을 찾아서 직접 읽어보았으면 해서다. 이 글을 읽는 순간만큼은 바다에 오롯이 몰두할 수 있었으면 좋겠다. 바다를 항상 가슴에 품고 사는 사람들에게는 바다 주변을 서성거리는 것보다는 바다로 직접 뛰어드는 것이 중요하다. 최소한 바다를 주제로 시를 쓰고 싶은 이들에게 도움이 되는 글을 쓰고 싶었다.

 이 책에서 다루는 문학작품들은 바다 또는 해양과 관련한 작품들이 많다. 그러나 바다를 소재로 한 작품이나 해양을 경험한 작가가 쓴

작품으로만 한정하지 않으려고 했다. 바다의 어떤 고갱이를 붙들고 씨름하고 있다고 여겨지는 작품들을 위주로 하였다. 일반적으로 빅토르 위고를 해양 작가라고 칭하지는 않는다. 하지만 그의 작품 『바다의 노동자』와 『웃는 남자』에서 만큼 바다 모티프를 철저히 탐구한 소설을 찾기 어렵다. 바다를 직접 다루지 않았어도 작품 전체가 바다 이야기로 들리는 작품도 있다. 예를 들면 『위대한 개츠비』는 노란색 바다로 읽어낼 수 있었다. 『로빈슨 크루소』 같은 모험의 바다보다 『피터 팬』이나 『피노키오』 같은 상상의 바다가 더 리얼리즘 문학에 가까워 보였다. 『차라투스트라는 이렇게 말했다』나 『천개의 고원』을 바다라는 프리즘을 통해 시처럼 읽을 수도 있었다.

 이 책에 모인 글은 바다에서 살아왔으나 바다를 외면해왔던 글쓴이의 반성문이다. 늦깎이로 독서에 몰두하면서 접했던 문학작품 속에서 바다를 캐낸 기록이다. 글자에 휩싸인 문학작품 속에서 바다는 자신을 끄집어 내달라고 아우성치고 있었다. 서쪽 바다 노을로 반짝거리는 문장들 속에서 바다의 심연을 드러내는 것은 결코 쉬운 일이 아니었다. 그래서 인상주의 화가들처럼 바다의 비늘들을 표현해보려고 노력했다. 바다의 단면들을 모아 퍼즐을 맞추어 나가다 보면 바다의 심연에 도달할 수 있는 실마리를 찾을 수 있을 것으로 생각했다. 바다를 드러내는데 굳이 거대 이론이나 철학을 할 필요는 없다고 생각했다. 바다가 내게 다가오는 대로 그때그때 글을 써서 모았다.

바다는 무수한 파편들의 집하장이다. 그런 바다를 접어 주름을 내는 것이 파도다. 파도는 불연속의 패치워크다. 바다는 구멍들이 소용돌이 춤을 추는 난장이다. 익명의 사건들로 끓어오르는 중이다. 바다는 소음 천지다. 바다는 노래할 줄 모른다. 그냥 벗어나려고 소리칠 뿐이다. 무너짐의 소리만이 무성하다. 바다는 영원히 해체하는 힘으로 존재한다. 그래서 은유와 상징만으로는 제대로 표현되지 않는다. 그래서 바다를 제대로 표현할 수 있는 문체를 고민했다. 바다를 욕망의 환유라고 생각했다. 바다의 호흡은 거칠다. 바다에는 문법이 따로 없었다.

바다는 주체가 사라져야 살아나는 세계이다. 바다에는 작가와 화자, 등장인물의 구별이 없다. 저마다 자신의 소리를 낼 뿐이다. 바다에서 우리는 우선 지각하고 감응해야 한다. 바다를 살아내려면 모두가 비개인적이어야 한다. 송두리째 바다가 되어야 한다. 차별이 사라진 바다에 '누가 말했다'라는 표시가 남아있을 리 없다. 아직 무언가로 고착되지 않은 잠재성의 세계를 표현하려면, '자유간접화법(free direct discourse)'이 적절하다고 생각했다. 자유간접화법은 언표 주체와 언표행위의 주체가 포개져서 동조나 공명이 일어나게 하는 장치이다. 모든 경계를 지우는 혼융의 화법이다. 문학 작품의 원저자 생각과 그것의 독자인 글쓴이의 생각이 겹쳐지는 이중의 목소리를 내고 싶었다. 원작을 다시 쓰기 또는 고쳐쓰기를 시도해보겠다는 생각으로 여러 작품을 함께 새로 읽었다. 이 글을 읽는 이에게 바다의 목소리를 오롯이 전하고 싶었다.

 파도는 춤이다. 생성이다. 시간을 정할 수 없는, 그래서 모든 시간이 혼재하는, 어떤 주체도 감당할 수 없는 카오스의 춤이다. 과거와 현재가 딱히 구분되지 않는다. 춤춘 적도 없고 춤출 일도 없지만, 누군가는 늘 춤추고 있는 것이 바다다. 순수한 잠재성을 표현할 수 있는 시제가 있다면 그것은 부정법(不定法) 동사(mode infinitif)라고 생각했다. 주어가 없이도 목적어가 없어도 혼자서 춤출 수 있는 동사의 바다. 바다에서는 주체의 등장 이전에 행동과 사건의 잠재성이 먼저 드러난다. 의미가 다만 꿈틀거리고 있을 뿐인 유동화의 사태이다. 바다는 모든 것을 변하게 할 수 있는 역능일 뿐이다.

 바다-언어는 '세계-내-존재'로서 감각 이전의 지각불가능한 세계를 열어 밝히려는 고난의 애씀이라야 한다. 기표와 기의의 구분이 사라지는 '현존재'가 그냥 존재하는 방식이다. 차이와 사이만으로 이루어지는 세상이다. 힘들을 포획하려 애쓸 뿐, 형상을 빚으려고 해서는 안 된다. 바다의 탈주선을 그려내 보려고 했다. 그래서 소수자-되기를 실천해보려는 바다-언어는 생경할 수밖에 없다. 말이 바로 행동이 되는 디오니소스의 바다를 어떤 문체로 표현해야 가능할까를 고민하였다. 정제된 표현으로는 질주하는 파도를 그려낼 수 없었다. 파도가 어긋나는 자세로, 해일이 해안을 덮치는 기세로, 이 글을 썼다.

차례

004 바다로 들어가는 말

1부

013 문학 속 바다 — 이미지를 캐내는 네 가지 방식

025 바다에서 길을 묻다
　　　_「모비딕」

032 노수부는 취한 배를 타고 항해한다
　　　_「노수부의 노래」,「취한 배」

039 차라투스트라는 바다를 이렇게 말했다
　　　_「차라투스트라는 이렇게 말했다」

048 로빈슨 크루소, 방드르디 그리고 포의 바다
　　　_「로빈슨 크루소」,「방드르디, 태평양의 끝」,「포」

063 물 위에 드러누운 개츠비
　　　_「위대한 개츠비」

072 위고, 바다에 빠져서 웃는 남자
　　　_「바다의 노동자」,「웃는 남자」

087 파우스트, 바닷속 심연으로 가다
　　　_「파우스트」,「마의 산」,「파우스트 박사」

2부

103 셰익스피어의 바다는 폭풍이 지배한다
_「템페스트」, 「오셀로」, 「리어왕」, 「햄릿」, 「맥베스」, 「어떤 태풍」

115 콘라드, 구원의 항해에 나서다
_「로드 짐」, 「청춘」, 「태풍」, 「은밀한 동거인」, 「나르시스호의 검둥이」, 「어둠의 속」, 「구난」

130 버지니아 울프는 바다로 갔다
_「항해」, 「댈러웨이 부인」, 「등대로」

142 소리와 분노는 다리 아래 물-그림자를 드리운다
_「소리와 분노」, 「내가 죽어 누워 있을 때」

150 오뒷세우스, 지중해를 떠돌다
_「오뒷세이아」, 「오메로스」, 「오디세이아」

160 메데이아, 아르고호의 키를 잡다
_「에우리피데스의 메데이아」, 「아르고호의 이야기」, 「프란츠 그릴파르처의 메데이아」, 「메데이아, 또는 악녀를 위한 변명」

174 율리시즈, 어머니 바다를 항해하다
_「율리시즈」

190 남녀 바다는 핏빛이다
_「새터말 사람들」, 「바다가 푸르다는 것은 거짓말이다」, 「늑대의 바다」, 「갯비나리」, 「불의 딸」, 「키조개」, 「흑산도 하늘길」, 「연꽃바다」

3부

201 피터 팬은 해적이다
　_「피터 팬」

207 피노키오와 요나의 삼켜진 바다
　_「피노키오」,「석양에 등을 지고 그림자를 밟다」

214 보물섬과 산호섬에는 파리대왕이 산다
　_「파리대왕」,「보물섬」,「산호섬」

222 멕베스의 바다는 불온하다
　_「맥베스」

227 박쥐-돼지꼬리-고래의 기괴한 항해
　_「카르마 폴리스」,「백년 동안의 고독」,「고래」

234 바다에서는 아래로 날아야 한다
　_「공기와 꿈」,「악의 꽃」,「갈매기의 꿈」,「소용돌이 속으로의 추락」

241 바다는 구멍이 있어 매끄럽다
　_「트리스탄과 이졸데」

247 파도의 바다-하기
　_「파도」

1부

J.M.W.Turner
Moonlight at sea(1818)

문학 속 바다-이미지를 캐내는 네 가지 방식

> 한 권의 책은 우리 안의 얼어붙은
> 바다를 깨는 도끼여야 해.
> ― 카프카, 『카프카의 편지』에서

허먼 멜빌의 『모비딕』 3장에 등장하는 '물보라 여인숙' 현관 벽에는 윌리엄 터너의 그림 〈Whalers(1845)〉가 걸려있다. 이 그림을 보고 당신은 무슨 생각을 하였는가? 금방이라도 '휙'듯해서 불길한 '검은 덩어리(black mass)'에 주목했는가, 아니면 '흰(결코 색의 일종이라고 할 수 없는)'의 농담(濃淡, gradation)에 이끌렸는가? 흐릿하게 푸른 직선들의 '힘'을 느꼈는가? 아니면 그냥 '축축하고 물컹하고 질퍽한 그림'이었는가?

『모비딕』은 "어렴풋이 보이는 것들"로 시작한다. 사람들은 맨해튼 섬 끝단에 가서 바다에 대한 몽상(reveries)에 잠긴다. 바슐라르의 명상(meditation)은 물과 쉽게 결합한다. 터너와 모네의 바다-그림들 속에서는 "자연의 네 원소 사이에 전투"가 벌어진다. 멜빌은 사람들을 바다로 끌어들이는 나침반의 자력 같은 바다-힘의 정체를 밝히기 위해서『모비딕』을 썼다. 바다 건너편이 궁금해서건, 자신의 모습을 거기 비춰보려고 했건, 그냥 눈언저리가 흐릿해져서건, 이런저런 사유로 사람들은 바닷가로 모여든다. 그렇지만 거대한 유령, 고래를 쫓아 바닷속으로 뛰어든 사람은 에이해브 이전에는 없었다. 이스마엘조차도 신의 분노로 험악해진 바다를 건너면 구원의 해변으로 갈 수 있다고 생각했을 뿐이다. 스스로를 당당하게 소외시킬 수 있는 고독한 자만이 바다로 투신할 수 있다. 당신도 멜빌이 그려낸 바다-그림 한가운데로 뛰어들어 '모비딕-되기'를 몸소 실천해보기 바란다.

에이해브는 처음부터 신드바드가 아니었다. 무인도에 표착하더라도 구차스럽게 로빈슨 크루소가 되려고 하지도 않았을 것이다. 로드 짐처럼 자신을 회복하려는 생각은 추호도 없었다. 늘그막에 생을 관조하는 산티아고나 회개하여 구원받으려고 했던 노수부가 될 수 없는 사람이었다. 질리아가 노동을 통해서 바다에 대항하려고 했다면, 에이해브는 바다를 직접 공격한 사람이다. 그는 인류 역사의 또 하나의 무대였던 바다의 표면을 항해하기 위해 고래잡이로 따라나선 일반 선원(비록 그는 일등 항해사였지만) 이스마엘과는 달랐다. 파도를 잠재우는 기적을 행하기 위해 바다 위를 걸어야만 했던 예수도 아니었다. 에이해브가 바다의 심연으로 뛰어들 수밖에 없었던 이유는 결국 고래의 색깔이 희다는 사실이 그를 몸서리치게 했기 때문이었다. 그림 중앙의 검은 덩어리에서 시작된 빛들이 물보라로 솟구쳐 하늘까지 닿고 다시 돛으로 달릴 때, 모든 것은 '어렴풋하게 보인다.' 그 모든 것의 바탕에 자리한 거대한 힘을 말로 표현할 수 없음의 공포야말로 터너가 위의 그림을 통해 보여주려고 한 바다의 이미지일 것이다.

문학 속에 나타난 바다의 이미지를 캐내고자 하는 이 글을 문학작품 속에 등장하는 그림 한 장으로 시작하였다. 근원적 형상을 의미하는 에이도스(이데아의 가시적 형상)도 아니고, 이 에이도스를 모방한 에이콘도 아닌, 그 에이콘을 닮은 시뮬라크르라고 할 수 있는 이미지로 시작한 셈이다. 터너의 그림을 전면에 내세우는 행위는 본질적 실체와 그것의 이미지의 위계를 받아들이려는 것이 아니라, 오히려 이러한 진부한 세계관을 전복하겠다는 멜빌의 의지 표명으로 이해해야 한다. 『모비딕』을 읽는 독자들은 이미 터너의 그림 한 장에 칼에 찔린 것 같은 감정의 격통을 느꼈을 것이다. 그렇다면 이미지가 전달하는 에너지를 통해 당신에게 이미 모종의 변화가 시작된 것이다. 이미지는 스피노자가 말하는 역능(puissance)이다. 문학이미지는 독자로 하여금 하나의 우주에서 또 다른 우주로 넘어가도록 하는데 충분한 힘을 가진 폭탄이라고 바슐라르는 말한다. 들뢰즈가 말하는 운동-이미지를 잘 설명하고 있는 글(『이미지와 기억』, 김병선, 195-196쪽)을 여기 소개한다.

> 베르그손이 말하는 대로 모든 것이 이미지이고, 이미지는 그 자체로 존재하는 것이라면 모든 것은 결국 보편적으로 변하고 물결치는 것들의 세계라고 할 수 있다. 모든 것들, 즉 나의 몸, 나의 두뇌, 나의 눈과 내가 감각하는 모든 것이 작용하고 반작용하는 이미지라면 어떤 이미지도 내부에 이미지를 포함할 수는 없을 것이다. 외부 이미지가 나에게 작용해 운동을 전달하면 나는 '머뭇거림' 속에서 그 운동을 재구성한다. 나 자신이 이미지라면, 다시 말해 운동이라면 나 자신, 나의 눈, 나의 두뇌, 몸은 끊임없이 재생되는 지속일 것이다. 거기에는 축도, 중심도, 좌우도, 상하도 없다. 이에 따라 들뢰즈는 모든 이미지가 무한한 집합을 통해 '내재성의 평면'을 이룬다고 생각한다. 그렇게 지속적으로 작용과 반작용을 주고받으며 변하는 것이 베르그손이 말하는 물질이라는 것이다. 이렇게 보았을 때 이미지는 운동과 동일한 것이 된다.

이미지는 또 하나의 사물, 매개물, 즉 흔적으로서의 결과물이 아니라 하나의 행위이자 과정이다. 기억을 불러내는 것에 그치지 않고 근원적 떨림을 만들어내고야 만다.

이제부터 들뢰즈의 운동-이미지 개념을 차용하고자 한다. 문학작품 속에 등장하는 바다의 이미지들이 작동하는 기제를 밝혀내기 위해서 '바다-이미지'라는 새로운 용어를 사용하려 한다. 해양문학은 해양을 대상으로 하거나 주제로 삼거나 해양 체험을 소재로 한 문학이라고 정의하는 것이 일반적이다. 그러나 2019년 해양문학상 심사를 맡았던 소설가 문성수는 "대부분의 작품이 바다를 이야기했지만, 정작 그 안에 '바다성'이 없다는 것"이 문제라고 지적하였다. '바다성'을 포착해낼 수 있는 힘을 갖춘 것이 바다-이미지라고 전제하고 이 글을 풀어나가고자 한다.

작가들이 만들어 낸 바다-이미지는 바다를 어느 위치에 자리 잡고 어떻게 바라보는가에 따라서 그 운동 에너지가 다르다. 옆에서 비슷하게 보기, 위에서 굽어보기, 모든 노력을 다하고 나서 뒤돌아보기, 곤두박이쳐 안에서 들춰보기 등 네 가지로 구분할 수 있다. 여전히 논의가 시각 위주라고 생각된다면 바다와 어떻게 상호작용하는가에 따라 바다-이미지가 다르게 작동한다고 고쳐 말하겠다. 응시는 상호 방향으로 작동한다. 운동-이미지로서의 바다는 열려있다. 뭍에서 답답하고 우울했던 사람들이 바다로 가는 연유이다. 바다는 모든 것이 가로지르며 뒤섞이고 뻗어가는 현장이다. 산-너머와 바다-너머는 다르다. 땅을 파 내려가는 것은 일상의 수고로움이지만 바다를 써레질하는 것은 자칫 그 밑으로 떨어지는 것을 숙명으로 받아들여야 가능하다. 강물에는 발을 담글 수 있지만 바다에서는 '싯다르타'라 할지라도 온몸을 던져야 한다. 그래서 우리의 관심은 바다의 이미지가 아니고 바다-이미지라야 한다.

먼저 해변에 모인 사람들의 시선을 따라가 보자. 시내가 끝나는 곳에는 포대가 있고, 거기서 바다에 가고 싶은 욕망에 사로잡힌다. 배의 승객이 되려면 지갑이 필요하지만, 선원은 육지에서보다 큰 지갑을 가져간다. 구약과 그리스 신화가 세뇌시킨 바다의 공포를 부정할 수 있거나 내부에서 들끓어 오르는 격정을 무시할 수 있었던 시대에 와서야 자격을 갖춘 선원들이 탄생했다. 고래잡이가 어떤 것인지 체험해보고 싶다면 뱃머리 너머에서 신의 분노를 볼 줄 아는 눈만 있으면 충분하지 굳이 배를 탈 필요가 없다고 펠레그 선장은 말한다. 세상의 진리가 궁금한 자는 바다 밑으로 내려가 오체투수(五體投水)해야 한다는 예언이다.

「신드바드 이야기」는 상인의 자본과 모험을 감행하는 경험을 높게 쳐주는 해변 도시의 시장에서 생겨났다. 바다 사람 신드바드는 뭍의 사람 짐꾼 신드바드에게 재물을 얻기 위해서는 난파의 고난을 우습게 알고 바다를 건너는 모험을 해야만 한다고, 용돈을 마중물처럼 주면서 꼬드긴다. 되돌이표가 강요한 것처럼 일곱 번의 항해(7명의 신드바드가 차례로 항해에 나선 이야기가 진실일 것이다)에 나선 신드바드는 무엇을 주장하는가? 외부의 폭풍이나 내부의 격랑을 이겨내면 지상낙원과 천국이 우리 차지라는 복음이었다. 18세기 초에 유럽인들이 신드바드를 탐독하기 시작했다는 사실만 언급하고 넘어

가자. 그리고 로빈슨 크루소(1719)의 제국주의가 시작되었다. 셰익스피어의 『태풍』에서 백인 프로스페로는 원주민 캘리번을 마법으로 복종시켜 섬을 지배한다.

4년 동안의 위험한 항해를 하고 막 항구로 돌아오자마자 다시 피쿼드호의 타륜 앞에 서 있는 벌킹턴에게는 육지가 오히려 위험한 곳이다. 오뒷세우스처럼 배는 바람불어오는 쪽으로 몰아야 한다. 뱃사람들을 무수히 집어삼키고도 시침 뗀 채 하얗게 무심한 신처럼 완강하게 버티고 누워있는 난바다로 가야 한다. 명심하자. 배는 바다에서 태어난 생명들을 안전하게 건네주겠다고 약속하고도 어느 한 순간 그 여린 목숨들을 본래의 깊이(full fathom five)로 돌려보내려는 욕망에 쉽게 굴복해버린다는 사실을. 바다에서는 죽음과 목숨이 서로 친근하다. 그래서 바다에서는 경계가 불분명하고 풍경이 모호하다. 터너와 모네의 바다-그림들에서는 죽음이 어른거린다. 그럼에도 우리를 끌어들이는 마력으로 부풀어 있다. 등대 불빛을 보고 돌진하는 배에서는 뒤를 돌아보아서는 안 된다. 자칫하면 당신은 무인도에 버려질 수 있기 때문이다. 무인도는 세상을 전복해 낼 자신의 있는 사람만이 갈 수 있는 곳이다. 난파당했던 사람들은 대부분 미치거나 무기력한 상태로 죽어갔다는 사실을 명심하자. 이쯤에서 주로 바다에서 유영하는 뱀꼬리를 덧붙이자면, 로빈슨 크루소는 자신이 경영한 곳을 '야만의(barbarous) 땅'이라고 강변했지만, 신드바드는 자신이 다녀간 곳을 '야생(primitive)의 땅'이었다고 겸손하게 고백한다.

다음으로 높은 망루에 올라서 바다를 굽어보는 사람들은 바다를 어떻게 보는지 살펴보자. 그들은 우선 끝없는 바다의 망망함에 넋을 잃고 무기력해지기 쉽다. 퀭한 눈을 가진 플라톤주의자 이스마엘은 자신이 고래를 찾아내는 일에 적임이 아니라고 고백한다. 파도와 생각의 리듬을 무심히 동조시켜버린다. 자신의 시야에 펼쳐지는 바다를 보고 자연과 인간의 영혼이 만나 가시적인 형상으로 빚어낸 신비스러운 것으로만 여긴다. 그래서 자신의 발밑으로 미끄러지듯 달아나는 환영을 안타깝게 바라볼 뿐이다. 역시 바다는 머리로 항해할 수 있는 곳이 아니다. 조셉 콘라드의 소설 『로드 짐』의 주인공인 선원 투안 짐도 높은 곳에서 바다를 내려다보기만 하다가 바다에서도 추방당하는 신세가 된다. 종국에는 파트나호에서 구명보트로 무의식 상태에서 뛰어내린다. 파투산에서는 자신의 의지로 죽음으로 떨어지지만 결말은 역시 패배다. 끝내 자신의 내면의 어두운 힘을 인정하지 못했기 때문이다. 한편 콜리지의 노수부가 항해하는 어둡고 무서운 대양은 환상을 체험하는 초자연 세계다. 초월주의자들의 세계에서 바다를 굽어보는 것은 달이다. 배를 움직이는 것은 바람이 아니었다. 변화와 갱생을 일으키는 것은 바다가 아니라 달이었다. 이런 방식으로 바다-이미지를 얕게 체험한 사람들이 살아남아서 전하는 말은 믿을 만한 것이 못 된다.

이제 바다를 뒤돌아보는 사람들의 눈을 따라가 볼 차례다. 빅토르 위고의 『바다의 노동자』의 주인공 뱃사람 질리아는 질도르뮈르의 의자 바위에 앉아서 바다를 응시하면서 꿈속에 잠기곤 한다. 폭풍이 닥쳐오기 전날 그는 두브르 바위 위에 올라가 까마득히 텅 빈 바다를 보면서 목이 마르다고 혼잣말을 한다. 두 달 동안 배의 엔진을 구하기 위해 모든 노력을 다한 후 다시 두브르 바위에 올라 지친 몸으로 드러누웠다가 바닷새가 부르는 소리에 눈을 뜬다. 마지막 순간 질리아는 다시 질도르뮈르에 올라 데뤼셰트를 태운 캐시미어호가 멀어져 가는 것을 바라본다. 끝없는 바다가 질리아의 깊은 눈 속에 차오르고 있었다. 바다로 뛰어들지 못하고 평온한 물속으로 그냥 가라앉는 자의 업보다. 첫사랑을 다시 살려내기 위해서 변신까지 시도했던 스콧 피츠제럴드의 『위대한 개츠비』는 모든 것을 체념한 마지막 순간 무엇을 보았을까? 형체가 흐릿해져 버린 나무들을 지나 잿빛의 환영이 쓰라렸을 것이다. 떨어진 낙엽들은 개츠비의 죽음 뒤의 세계도 바꿔버린다. 거의 감지할 수 없을 정도로 물이 미세하게 흔들리고, 풀장의 물은 끝없이 배수구로 흘러 들어가는데, 누워서 죽어가는 개츠비를 태운 매트리스는 물 위를 떠돈다. 이 장면의 개츠비는 오필리아보다 더 처절하다.

헤밍웨이의 『바다와 노인』 주인공인 산티아고는 세 번에 걸쳐 사자들이 해변에 나타나는 꿈을 꾼다. 사흘 동안의 고기잡이를 떠나기 전날 밤 노란색 해안에 나타난 사자를 꿈속에서 본다. 청새치와 사투를 하다 잠깐 눈을 붙일 때는 모든 사자가 해변으로 내려오는 꿈을 꾼다. 그리고 마침내 바다의 척추만을 끌고 항구에 도착한 후 돛대를 어깨에 메고 골고다 언덕을 올랐다. 이제 물로 가득한 오두막의 침대(카론의 나룻배)에 엎드려서 잔다. 손바닥은 위로 향하고 노인은 다시 사자 꿈을 꾼다. 소년은 산티아고의 바다를 되돌아보고…

마지막으로 죽으려고 바다로 뛰어든 사람의 눈에는 어떤 특별함이 있는가를 들여다볼 차례다. 에이해브는 항상 모자를 푹 눌러써 눈을 가린다. 사분의는 태양의 눈을 통해서 자신의 위치를 가늠하는 도구다. 예언하는 페달라와 증언하는 핍의 눈은 에이해브를 광기로 몰아가는 힘이 있다. 에이해브를 광기 속으로 몰아넣은 것은 고래의 색깔이 희다는 사실이었다. '흰'은 공포다. 말로 표현할 수 없다는 사실 그 자체가 공포의 뿌리다. 푸른 바다가 걸쳐야 마땅한 옷은 유령처럼 전율을 일으키는 흰 수의다. 흰 힘을 휘어 갈무리하고 있는 바다의 내장을 쉽사리 드러낼 수는 없는 일이기 때문이다. 바다의 속내는 검다. 위고에게 어둠은 우주의 모순이고 창조의 맹아이다. 두브르 암초에서 벌이는 질리아의 고투는 자연의 어두운 힘과 인간의 맹렬한 근육이 충돌하면서 빚어내는 생성의 서사다. 그래서 물에서

빛이 뻗어 나온다. 물이 불탄다.

스스로의 몸을 태워서 빛은 내는 것은 '암흑의 검음(blackness of the darkness)'이라는 물질이기에 에이해브의 영혼도 빛의 바다로 돌진해 들어가 원초적 물질로 녹아 내려야 한다. 콜리지, 보들레르, 멜빌은 모두 신천옹(알바트로스)의 분신들이었고, 힘에 부친 심장을 감당하기 위해 흰 날개로 커다랗게 휘어지는 원을 그리며 활공하는 사람들이었을 것이다. 터너의 그림을 제대로 읽어내려면 신천옹처럼 바다 속으로 내리꽂힐 수 있어야 한다. 질리아처럼 천둥이 울릴 때마다 망치를 내리쳐야 한다. 노수부처럼 석궁으로 신천옹을 쏘아 떨어뜨려야 한다. 산티아고나 에이해브처럼 작살을 던져야 한다. 밧줄이 자신의 목을 매달게 해야 어둠의 핵심에 닿을 수 있기 때문이다. 매개물 없이 직접 물질에 작용하는 유일한 길이기 때문이다. 베르그손에게 물질이란 이미지들의 세계다. 바슐라르는 이미지의 물질적 속성에 집중하여 상상력의 힘을 극대화하고자 하였다. 상상력은 변형하는 힘이다. 에이해브는 이미지들이 동사로 작동하는 세상을 꿈꾸었음이 틀림없다. 셰익스피어의 바다는 우리를 변신하게 만드는 힘(sea-change)의 표현이다.

베이컨의 형상(figure)은 얼굴 밑에서 꿈틀거리는 힘을 포착하려는 노력이다. 바다 표면에서는 현재의 위치를 알기 위해서 경도와 위도가 필요하지만, 바닷속에서는 속도와 리듬을 살리기 위해서 경도와 위도가 선의 힘으로 휘달린다. 아플라(aplat)는 단색으로 나타낼 수밖에 없는 바다에 다름 아니다. 들뢰즈가 말하는 고래-되기는 힘들을 포획하는 끝이 없는 탈주의 실험이다. 그냥 신이 강림하기를 기다려서는 불가능한 일이다. 차이를 창출하는 강밀도여야 한다. 에이해브가 신을 거역하는 수준의 분노라야 한다. 변신은 바슐라르가 말하는 물질적 상상력을 통해서 가능한 존재 차원의 변화다. 터너의 그림은 거꾸로 걸어도 제격이다. 베르그손의 원뿔도식은 다시 뒤집어 놓아야 한다. 그게 변신의 경지다. 모비딕의 악마성과 에이해브의 광기는 광폭한 바다에서 만나 서로 바꿔-되기를 시도한다. 에이해브의 탈주선은 작살던지기로 시작해서 밧줄에 얽힘으로써 탯줄과 생명줄(man-rope)이 된다. 그 와중에 우주가 휘어진다. 그래서 에이해브는 다시 떠오를 수 없다. 그것이 순수지각이 가능해지는 소용돌이(vortex) 경계면이고 극미세의식이 작동하는 윤곽(contour)이다. 고래의 소리는 우주의 '옴'이다. 바다의 다이어그램은 모비딕의 피부에 상형문자처럼 새겨진다. 그리고 에이해브는 작살을 던짐으로써 터너 그림 속의 검은 덩어리에 상처를 내고 찢어발겨서 차이('흰'의 대재난)를 생성하는 힘(a great power of blackness)을 행사한다. 바다를 사랑하는 우리는 그렇게 온몸으로 바다-이미지를 살아내야 한다. '물구바다'에 오신 걸 환영한다!

바다에서 길을 묻다

에이해브 선장은 갑판 위를 옆걸음으로 재빨리 걸어가면서 윗돛대의 맨 위에 있는 줄과 모든 보조돛을 펴라고 명령했다. 배에서 가장 숙련된 선원이 키를 잡아야 한다. 이리하여 모든 돛대 위에는 망꾼이 배치되고 긴장으로 가득 찬 배는 바람을 받으며 질주했다. 고물 난간 쪽에서 불어와 많은 돛을 부풀리는 미풍은 배를 들어 올리는 묘한 성향을 갖고 있어서, 공중에 떠 있는 갑판이 발밑에서 공기처럼 느껴졌다. 그동안에도 배는 여전히 빠르게 달리고 있었다. 서로 대립하는 두 가지 힘, 즉 하늘로 곧장 올라가는 힘과 수평선상의 목표를 향해 좌우로 흔들리면서 돌진하는 힘이 배 안에서 싸우고 있는 것 같았다. 그날 밤 에이해브의 표정을 관찰했다면 그의 내면에서도 그렇게 상반되는 두 가지 힘이 서로 싸우고 있다고 생각했을 것이다. 그의 성한 다리는 갑판 위에 활기찬 메아리를 만들어내고 있었지만, 죽은 다리는 갑판을 디딜 때마다 관을 탕탕 두드리는 듯한 소리를 냈다. 이 노인은 삶과 죽음 위를 걷고 있었다.

— 허만 멜빌, 『모비딕』 51장 부분

바다에 과연 길이 있는가라고 물어본다면 당신은 뭐라고 대답하는가? 간단한 질문 같지만, 어떻게 대답하느냐에 따라 개인의 운명은 물론이고 국가 아니 문명의 방향이 달라질 수 있으므로 심사숙고 하시기 바란다. 바닷가까지 와서 막다름을 본 사람은 해변에 그냥 머물러야 한다. 물론 아예 해변에 서기조차 꺼리는 사람에게는 다른 세상 자체가 관심 밖일 것이다. 최소한 바닷물에 발을 담가볼 생각을 하는 사람에게만 바다는 길을 보여준다. 어떤 이유에서 바다로 나섰든, 거기에 목숨을 거는 사람에게만 바다는 비로소 길을 내준다. 에이허브처럼 바다에 매골할 각오가 된 사람만 바다-길을 찾아 나서기 바란다.

바다가 생명의 근원이라면 바다로 가는 길은 회귀의 길이다. 탄생의 순간을 되짚어가면서 죽음으로 향하는 길이다. 그래서 바다는 잔잔함 가운데 폭풍우를 감추고 있다. 푸른 바다는 거대한 암흑의 세계다. 모든 신화 속의 영웅들이 거쳐 가야 하는 지하세계는 아마도 바다였을 것이다. 바다로 가려는 자는 누구나 해변과 평행하게 흐르는 망각의 강, 모래-사막에서 몸을 씻어내야 한다. 육지에서의 모든 기억을 지워야 한다. 바다는 당신의 변신을 요구한다. 세파에 찌든 옷을 벗어야 한다. 그리고 타르를 입힌 선원의 방수코트로 갈아입어야 한다.

배를 타는 순간은 아찔하다. 야곱의 사다리를 기어오르거나 해적선의 널빤지를 건너야 배를 탈 수 있기 때문이다. 배에 오르는 순간

뒤를 돌아봐서는 안 된다. 미련이 당신을 붙잡지 않도록 해야 한다. 밑으로 시선을 떨어트려서도 안 된다. 바다-거울에 주마등처럼 비치는 회한들이 당신을 끌어당겨 물귀신이 되자고 할 수 있기 때문이다. 떠밀려서 바다로 나선 사람들이 특히 주의해야 한다. 배를 타려면 당신은 선원으로 배를 타야 한다. 바다는 여행으로 다니는 길이 아니기에 승객으로 배를 타서는 안 된다. 최소한 뱃머리 너머 세계가 궁금한 사람만이 배를 타야 한다. 목숨을 걸어야 바다는 길을 내준다고 하지 않았는가. 떠밀려서 또는 붙잡혀서 배를 탈 수도 있다. 그러나 배에서 한 몫을 할 수 없는 사람은 배에 타서는 안 된다. 선원으로 거듭나야 스스로 '잭 타르(Jack Tar)'라고 기꺼이 말할 수 있게 된다. 이스마엘은 자신이 선원으로서 '피쿼드'호에 탔다고 반복해서 주장했다는 사실을 기억하자.

배에 오르는 순간 삶의 리듬은 달라진다. 공기부터가 다르다. 짠내가 피부를 찌르기 시작한다. 몸을 수직으로 가눈다는 게 얼마나 힘든 일인지 실감한다. 바닥이 꺼질 수도 있다는 불안이 엄습한다. 자면서도 굴러다녀야 한다는 사실에 경악한다. 눈을 부릅떠도 참조할 만한 지형지물이 사라졌다는 엄연한 현실에 자연의 힘을 본격적으로 느끼기 시작하게 된다. 파도의 근육이 절대 선하지만은 않다는 것을 알게 된다. 생존을 신이나 자연에 맡길 수 없음을 뼈저리게 깨닫는다. 그래서 바다에서 선원들은 서로를 발견하게 된다. "우리는 모두 한 배를 탔다."는 말의 무게를 자신이 타고 있는 배의 중량톤으로 느끼게 된다. 뱃사람들이 집단으로 외로움을 타게 되면서 육상에서 막강한 힘을 발휘하던 '지위'라는 허위가 사라진다. 그리고 모두 한마음으로 바다-길을 찾아 나선다.

바다-길에서는 이정표를 하늘에서 찾는다. 박명(薄明; twilight)시에 항해사는 천측(天測)을 한다. 햇빛과 달빛이 엇갈리면서 어스름한 시간대에라야 밝은 별들과 수평선이 동시에 보이기 때문이다. 서로를 함께 밝게 비춰주는 별들을 섹스턴트로 당겨내려 해도에 선들로 그어 만나는 지점이 당신의 현재위치다. 전 우주를 점 하나로 뭉쳐내야 당신의 위도와 경도가 정해진다. 태양이 떠오르는 동안 고도를 재서 얻은 선들을 모았다가 태양이 당신의 머리 위로 정중할 때 수평의 선을 마지막으로 보태야 당신의 위치를 알 수 있다. 태양의 작열하는 에너지를 해도 위에 흑점으로 거듭나게 하는 노력을 기울여야 당신이 지금 어디에 있는지 알 수 있는 법이다. 뭍사람들에게는 길이 눈에 훤하게 보이기 때문에 오히려 이렇게 혼신의 힘으로 자신을 돌아보지 못하는 게 아닐까. 그래서 길 잃은 나그네로 살아가는지 모르겠다. 육지에서 오히려 부유하면서 배회하는 사람이 많다. 나침반이 생기면서부터 슬프게도 뱃사람도 하늘을 볼 일이 많이 줄었다. 길을 찾는 것은 이렇게 목숨을 걸어야 하는 일인데, 너무 쉽게 생각한다. 또한 바다에서는 물속을 자주 들여다보면서 장애물을 피해야 침몰하지 않는다. 바닷속 깊이는 사람의 키를 기준으로 삼는다. 동양의 한 '길'이 서양의 한 '패덤(fathom)'이다. 마음의 수심(水深 혹은 愁心)은 납으로 만든 막대기를 써서 잰다. 인간의 심연(深淵)은 측심연(測深鉛)으로 헤아려야 한다.

바다에 처음 길을 낸 사람은 누구였을까? 짐작만 할 뿐이다. 수레가 다니는 길보다 배가 다니는 길이 먼저 생겼다는 사실만 기억하자. 토르 헤이어달은 '콘티키'호와 '라2'호를 타고 오래전에 우리들의 선배 뱃사람들이 통나무를 묶어 태평양을 건너고 갈대를 엮어서 인도양을 건널 수 있었음을 실증해 보였다. 헤이어달이 무모해 보이는 모험에 나설 수 있었던 것은 바다-길을 믿었기 때문에 가능했다. 이름 모를 수많은 뱃사람이 바다에 뼈를 묻어가면서 온몸으로 헤쳐나간 흔적들이 물길이 되었다. 뱃사람들이 목숨으로 수놓은 바다-길은 입에서 입으로 전해져 '아르고'호의 뱃길이 되었다. 해적 장보고가 누빈 교역의 길이 되었다.

바다에서는 당신의 감각이 예민해져야 한다. 바다에서는 하늘의 변화무쌍함을 밤낮으로 실감한다. 당신의 귀를 정결하게 하면 별들의 노래를 들을 수 있다. 바다에서는 상상력이 팽팽하게 돛을 펼친다. 푸른색 하나로 재단할 수 없는 바다-물빛의 깊이를 들여다보는 순간 바다가 무한정의 수평선으로 펼쳐진다. '잠재태'란 말은 바다에서 시작되었을 것이다. 나무 외판들이 비틀거리면서, 용골까지 뒤틀리면서 아우성치는 소리가 들린다. 배가 물살을 가르는 섬세한 움직임을 느끼게 된다. 배의 몸체가 자신의 몸처럼 느껴져야 비로소 제대로 항해를 할 수 있다. 바다와 배와 항해자의 일체감! 포정(庖丁)이 뼈와 살 사이의 틈새로 난 길(道)을 따라 칼을 움직이듯이 바다에서 배는 앞으로 나아간다. 노수부의 배를 움직이는 것은 바람이 아니라, 바다 속 깊이에 치솟아 오른 정령과 하늘 저 높이에서 내리꽂히는 달이다.

그렇게 열심히 항해한 당신은 끝내 항구에 도착하는가? 항구가 목적지가 될 수 없다면 이야기가 달라진다. 바다-길을 항해해 본 사람은 한 곳에 머무르지 못한다. 포구는 돌아가는 곳이 아니다. 항구는 머무르는 곳이 아니다. 돌아온 육지는 뱃사람에게는 오히려 낯설다. 거리감과 이질감이 폐부를 찌르면 다시 떠나야 한다. 벌킹턴에게는 육지가 오히려 위험한 곳이었지 않은가. 다시 출항을 결심하자. 당신이 고향을 찾은 것은 다시 떠날 힘을 얻기 위해서였다. 오뒷세우스가 페넬로페와 텔레마코스를 두고 다시 길을 떠나는 뜻을 헤아려보자. 부두에서 흔드는 손수건은 다시 보자는 뜻이 담겨 있지 않다. 아주 떠나라는 것이다. 당신이 처음 떠나온 곳은 항구가 아니라 바다, 거기가 바로 당신이 탯줄을 묻은 근원의 고향이지 않은가. 바다는 모든 가능성의 길이 리좀의 방식으로 번식하는 곳이다. 거듭나려는 사람들이 나서는 길은 바다라야 한다. 변화와 갱신의 무대는 바다가 제격이다. 가다가 배를 되돌리지 마라. 이스마엘은 화덕을 너무 오래 응시하다가 배의 방향이 절로 뒤집히는 경험을 하지 않았던가. 햄릿의 변신이 반쪽이었던 것은 북해 한가운데서 배를 되돌렸기 때문이다. 오필리아의 주검을 마주하고서 자신이 해적으로 거듭났다고 선언했으면서도 정작 바다를 떠났기 때문이다. 당신의 삶을 근본적으로 바꾸기를 희망한다면, 평생 바다를 떠나지 않는 해적이 되겠다고 지금 맹세하라. 바다에서의 변신은 그만한 결단이 필요하기 때문이다. 바다-길은 끝이 없는 길이다.

노수부는 취한 배를 타고 항해한다

Alone, alone, all, all alone,

Alone on a wide, wide sea!

— Coleridge, 「The Rime of the Ancient Mariner」에서

 배가 한 척 있었다. 항구에서 환송을 받고 떠난 배는 예배당 아래로, 언덕 아래로, 그리고 등대 아래로 내려가듯이 항해한다(drop below~, below, ~ below). 배를 끌어주던 예인선이 떠나자 비로소 취한 배(랭보의 시 「취한 배」에서 가져옴)는 자신이 가고 싶은 곳으로 갈 수 있게 된다. 해가 뚝 뚝 떨어지듯이 바다의 심연으로 내려간다(went down into the sea). 배는 남쪽으로 질주하고, 어느덧 바다에는 눈보라 치고, 빙산은 음산한 소리로 깨지고, 별은 쏟아지고, 바다는 하늘을 삼켜버린다. 포악한 폭풍이 불어오면서 배가 혼절 상태에 빠지자, 이때부터 배는 '시의 바다'를 항해하고, 노수부는 '바다의 시'에서 헤엄칠 수 있게 된다.

그 배에는 섬뜩한 눈빛의 노수부가 타고 있었는데, 땅에서 쫓겨난 자였다. 이렇다 할 이유 없이 십자궁(cross-bow)을 들어 뱃길을 가로지르는(cross) 알바트로스(Albatross)를 쏘아 떨어뜨린다. 그를 쏘아보는 흰 햇빛 탓이었을지 모른다. 우주의 성스러움을 부정하는 행위였다. '전일한 생명(one Life)'을 의심해보겠다는 선언이었다. 에덴동산에서 신에게 떠밀리듯이 쫓겨나지 않고, 스스로 떠나겠다는 각오였다. 신의 질서에 이의를 제기했다. 의도적으로 이성에 의한 질서를 허물기 위해서는 스스로 착란을 초래해야 한다. 널브러진 바다를 수직으로 일으켜 세우겠다는 서원이었다. 그 순간 노수부는 저주를 떠안게 되고, 배는 두 번째의 출항, 본격적인 출항을 하게 된다. 노수부는 투시자가 되어 취한 배와 한 몸이 된다. 그때부터 시인-배는 초현실의 세계를 항해하고, 그 항해의 기억은 소외된 인간이 스스로를 소외시키는 이야기가 된다. 바다는 모험의 무대 배경이 아니라, 생동하는 원초적인 감각을 바탕으로 상상력이 펼쳐지기 위해 존재하는 장소 없는 장소, 헤테로토피아이다.

알바트로스는 노수부의 더블(double)이자, 미풍을 일게 하는 힘이다. 시인이 시의 신에게 바치는 희생제물이다. 세상을 희뿌옇게 만들어버리는 안개를 불러오는 바다의 바람이다. 알바트로스는 육지로부터 추방당한 시인에게 어두운 바다를 항해하려면 단독자일 것을 요구한다. 완전하게 외로워질 것(Alone, alone, all, all alone, / Alone on a wide, wide sea!)을 요청한다. 강요된 고립이 아니라 홀로 오롯이 고독하라는 것이다. 진실의 부조리함을 직시하려면, 스스로를 소외시킬 수 있어야 한다. 시를 쓰려면 먼저 쓰러지라는 명령이다.

바다에서는 맹목이어서 감각이 우선한다. 인식으로 넘어가기 전 단계에서의 혼돈스러움이라야 한다. 감각 간의 경계가 사라진 착란의 리듬은 푸르다. 주체와 대상이 아직 분리되지 않은 상태, 거기에는 인과법칙이 들어설 자리가 아니다. 죄의식을 가질 이유가 없다. 자유의지가 들어설 자리가 없는 중동태의 세계다. 물에 잠긴 죽음들을 굴리기 위해 바다는 파도를 일으킨다. 정해진 침로 없이 부글부글 발효하는 것들의 연속으로 무너짐이다. 바다에서 유독 빗살들이 떨리는 이유다. 내 안의 타자 살려내기는 이런 바다에서라야 가능한 일이다.

알바트로스가 갑판에 떨어지자 혹독한 태양은 오른쪽에서 떠오른다. 아니다. 알바트로스가 나타난 순간부터 그랬다. 그러자 바람이 멎었고, 안개가 바다를 지배했다. 돛을 내려야 했다. 사방이 물인데 정작 마실 물이 없어 시인의 혀가 말라버린다. 배의 판재들이 말라 뒤틀린다. 바다에서 신생하기 위해서는 시인이 말을 잃어버린 상태, 말을 할 수 없는 상태로 돌아가야 한다는 것이다. 노수부는 십자가(cross)에 매달리는 희생양이 되어야 한다. 죽은 알바트로스가 노수부의 목줄을 죄어 간 것이다.

시인의 갈증을 풀어줄 수 있는 것은, 시인 자신의 피다. 고통스러운 시간이 지나가고, 멀리서 식별할 수 없는 뭔가가 나타난다. 배가 나타난다. 바람이나 조류의 힘을 빌지 않아서 흔들림 없이 다가오는 배에는 여인과 죽음을 함께 데려오고 있었다. 유령선이었다. 낡아빠진 배의 늑골은 감옥의 창살이었다. '죽음 속의 삶(Life-in-Death)'을 태운 배였다. 시인은 절명의 순간에도 죽어가는 자들의 영혼이 빠져나가는 소리를 들을 수 있어야 한다. 죽은 자들의 저주를 풀어주어야 하기에 시인은 죽을 수 없는 존재다. 시인은 죽음이 아니라 주검에 주목해야 한다. 바다는 시인이 살아내야 하는 무덤이다.

죽은 자들의 영혼이 빠져나간 바다는 점액질의 세계가 된다. 모든 것이 미끄러지면서 빠져나갈 수 있는 세계다. 거기 달이 떠오르면 미세한 움직임이 시작된다. 달빛이 바다를 숨 쉬게 하자 바다의 태반이 움찔거리면서, 거기 실뱀장어처럼 헤엄치는 태동이 발생한다. 달빛을 우려내어 젖빛의 바다가 된다. 달빛은 상상력이라는 배로부터 물러서서 거리 두기이다. 배가 푸른 종이에 시를 써나가듯 써레질하면서 바다를 뒤엎으면 수평선이 부글부글 발효한다. 발효하는 바다는 포도주 그 자체다. 아름다움과 추함을 차별하지 않는 디오니소스의 바다가 된다. 모든 감각이 혼융하면서, 초록빛 인광의 바다가 된다. 그 바다에 온몸을 맡긴 노수부의 가슴속에서 사랑의 샘이 솟구치고, 알바트로스는 바다-뱀으로 거듭 태어난다. 썩어가던 바다가 다시 살아나는 것은 시인이 파도라는 환상의 바퀴를 끊임없이 굴리고 있기 때문이다. 좌초한 배라야, 익사한 자들이라야 구난(salvage) 당할 수 있는 법이다. 예수가 십자가를 벗어 던지듯이 노수부는 알바트로스를 바다의 심장에 갈무리한 채로 세 번째 출항을 시작한다.

　시인의 입술에 물기가 잡히고 목이 트인다. 바람의 도움 없이도 별의 안내가 없어도 노수부-시인의 배는 항해를 할 수 있게 된 것이다. 이제부터 배는 바닷속에서 솟아오른 정령이 움직인다. 알바트로스가 노수부의 목에서 떼어지자, 죽었던 자들이 일어서고, 바다는 종달새의 소리로 채워진다. 바람 한 점 없이도 돛들이 풍명금처럼 노래한다. 소리가 바다를 깨우자, 이제부터는 바다가 달을 응시한다. 달은 바다에 순응할 따름이다. 그리고 배는 물살을 가르지 않고도 항해한다. 이제 죽은 자들의 눈이 노수부의 눈을 찾고 노수부가 죽은 자들의 눈을 제대로 응시할 수 있게 되자 시인에게 내려진 저주마저 풀린다. 시인은 자신을 대속해서 먼저 쓰러져간 선원들의 수평(水平)에서 다시 항해를 시작한다. 거듭 태어난 시인만이 느낄 수 있는 바람이 불어온다. 바다의 수평에서 녹여지고, 퍼뜨려지고, 흩어지고, 번져갔던 그림자들이 진홍빛 차림으로 일어서서 등대가 된다. 이제 등대는 바다가 아니라, 육지를 비춘다. 환대의 바다가 상상력을 올곧게 펼치게 된 것이다. 배가 아니라 바다가 통째로 땅끝으로 부딪쳐간다. 난파가 일어나고, 그 순간 땅 위에 발을 붙인 독자는 경악한다.

마중 나온 도선사 무리는 주검 같은 배를 보고, 악마 모습의 노수부를 보고 쓰러진다. 그들이 배와 노수부의 몰골에 놀라 외치는 소리(bay)에 궁지(bay)에 몰린 배는 몸통(bay)이 두 동강 난다. 안전한 곳(bay)이 사라진 것이다. 시인은 자신이 타고 온 배의 용골이 터져버리기를, 그래서 자신이 바다에 잠겨버렸으면 하고 절규한다. 단말마의 비명을 일으키면서 알바트로스가 처음 출현했을 때의 상황과 유사하다. 그때 선원들이 죽어갔듯이, 마침내 배는 침몰한다. 그리고 시인은 스스로 들어갔던 전율하는 소용돌이(maelstrom)에서 다시 솟아오른다. 타고 온 배를 버림으로써 시인은 거듭난 것이다. 새로운 세계를 탄생시킨 것이다. 이제 시인은 이타카로 돌아온 오뒷세우스처럼 다시 유랑을 떠난다. 직접 서사의 노를 젓는다. 그동안의 항해 전체를 자신의 팔다리 근육으로 응축시켜야 가능한 일이다. 이제 노수부-시인은 자신의 이야기를 할 수 있게 된다. 자신의 이야기를 들어야 하는 자를 찾아가 말해야만 하는 노역을 맡게 된다. 네 번째 출항을 시작한 것이다. 시가 구원의 항해를 시작한 것이다. 시는 이렇게 좌초와 난파의 해변에서 시작하기 마련이다. 떠나왔을 때의 옛 모습을 고수하고 있는 항구에서는 잔치를 벌일 때가 아니라고, 결혼식을 유예시켜 달라고 기도한다. 자신의 항해 텍스트를 다시 고쳐 쓰겠다는 다짐이다. 또다시 출항을 감행하고 계속해서 항해하겠다는 선언이다. 바다의 이야기를 통해서 땅을 구원하겠다는 서원이다.

노수부는 결혼식을 지체시킨 후, 결혼식에 참석하려는 독자-손님을 자신의 항해에 초대한다. 시간의 영역 밖으로 데리고 간다. 방황하는 네덜란드인처럼 영원히 떠돌아야 하는 운명을 떠안겠다는 시인의 각오이다. 배는 상상력에 취해야 제대로 바다를 항해할 수 있는 법이다. 바다로 추방되어 떠돌아야만 하는 선원들의 이야기(sea-story)는 고통스럽다. 그들은 '죽음 속의 삶'을 통해 '삶 속의 죽음(Death-in-Life)'을 일깨우기 때문이다. 영원히 유랑의 항해를 떠나야 하는 유령선 선장은 또 다른 결혼식 손님을 데리고 떠나갈 것이다. 바다는 끊임없이 재해석을 요청하면서, 의미의 결정을 연기한다. 바다는 항상 새로 출항해야 하는 장소이다. 시인은 늘 탄생의 순간으로 돌아가야 한다. 세상의 모든 주체를 해체하고, 세상에서 맺힌 모든 응어리를 온전하게 풀어주는 일은 무도덕한 바다에서나 가능한 일이기에 시인은 영원히 바다에서 바다를 노래해야 한다. 당신을 구원해 줄 사랑하는 여인은 바다에 산다. 바다는 끝없이 다시 이야기되어야 하는 세계다. 바다는 열려있는 상상력이다. 바다는 '전일한 생명(One Life)'을 보전하는 사랑이다.

차라투스트라는 바다를 이렇게 말했다

> 그리고 바다여!
> 나 이제 너희에게 내려가야 한다!
> ― 프리드리히 니체, 『차라투스트라는 이렇게 말했다』에서

초인은 바다. 항해자이자 배다. 맨발로 외줄의 바다를 건너는 자, 바다 바닥으로 끝없이 내려가는 자다. 차라투스트라는 바다에서 몰락하는 자에게 복이 있을 거라고 예언하였다. 사람의 바다로 내려간 차라투스트라는 바다를 사랑하는 당신을 축복하고 있다. 마지막으로 동굴을 떠나는 순간 니체는 비로소 차라투스트라로 변신했다. 니체는 여전히 대지를 떠나지 못했지만, 차라투스트라는 니체를 떠났다. 이제 그 누구도 아닌 모든 사람의 귀는 들을지어다. 바다를 살아내는 차라투스트라가 사람-바다에 가서, 노래하는 복음을, 바다가 베푸는 덕을…

바다에서는 도처가 길이다. 외길이 아니므로 막다른 길이란 없

다. 중심이 없어서 출발점을 찍을 수 없다. 목적지가 없어 항상 되돌아와야 하니 고독하다. 중심이 너무 많아서 시작과 끝이 없다. 바다에서는 다툴 정상이 없으니 자신의 내면으로 침잠할 뿐이다. 그리하여 자신을 뛰어 넘어라. 바다의 길들은 죄다 구부러져 있다. 오솔길이다. 외롭게 걸어가라. 미궁이다. 방향을 종잡을 수 없다. 수많은 길이 바다의 힘줄을 이룬다. 그저 출렁거리는 바다의 근육들을 얽어짜면 바다의 부력이 된다. 붙박히지 않는 바다라서 뭇 생명을 품어 헤엄치게 할 수 있다. 그것이 차라투스트라가 외치는 태양의 정중이다. 찰나이면서 겁, 이때야말로 당신의 변신이 가능하다. 그러니 당신의 그림자까지 사랑하라.

바다는 생명의 시원인가? 간단치 않다. 바다에서는 모든 것이 생성 중이다. 거기서 신을 찾으려고 헛되이 애쓰지 말라! 바다는 그냥 흘러가는 과정일 뿐이다. 바다가 잘하는 일은 그저 보듬는 일이다. 그중에서도 죽음을 끌어안는 일에는 이력이 나 있다. 세상의 모든 맛을 모으면 소금이 된다. 그렇게 세상의 힘들을 바다의 점들에 모은다. 그러니 소금의 긴장과 흥분이 오죽하겠는가. 소금이 하얗게 빛나는 이유다. 바다의 젖가슴이 포말로 부풀어 오르는 건 또 순전히 소금 때문이다. 극성을 가진 만물을 섞이게 한다. 녹거나 결정(結晶)하기를 거듭할 뿐으로, 짭짤하게 포근하다. 절인 만큼 간이 배어든다. 심지어 태양을 태우는 것도 우주의 바다가 거대한 소금가마이기 때문이다. 태양이 빨아올려서 바다가 부풀어 오르는 것이 아니다. 세상의 빛은 태양신 라(Ra)로부터가 아니라 차라투스트라의 바다에서 분출한다. 그렇다고 당신, 빛과 소금이 되려고 하지 말라. 태양을 거부하라. 바다는 높은 곳에 서려는 자, 내려다보려는 자를 경멸한다.

바다는 뒤집기의 명수다. 바다가 범람하는 것은 무거워서다. 요르문간드의 무게쯤이라야 바닥까지 내려갈 수 있다. 그렇게 한없이 가라앉다 보면, 끝 모를 저 광활한 기억의 켜켜를 훑어내릴 수밖에 없다. 바다는 베르그손의 원뿔이다. 뒤집어진 원뿔을 따라 몰락했다가 울퉁불퉁한 바닥을 저인망으로 훑어 바로 세운 원뿔 모양으로 물-굽이굽이 솟아오른다. 그렇게 응축-팽창을 거듭하며 솟구치는 힘들이 세상을 뒤엎는다. 바다는 평면거울이기를 거부한다. 표면만 보고 물방울들의 깊이를 어떻게 가늠하겠는가. 무릇 심연의 거울이라야 당신이 거기 몰락할 수 있다. 진정한 시인은 저 바닷속 깊이에서 태어난다.

파도는 자기 파괴의 연쇄다. 제 때에 죽어주는 죽음이다. 파헤쳐서 파기하고 파괴하여 파멸로 이끈다. 바다는 흔적을 남기지 않는다. 무시무시한 소멸들이 횡횡해도 당신이 좀체 알아채지 못한다. 바람으로 그 몰락의 규모를 재단하려 하지 마라. 대륙 하나쯤이야눈깜짝할 순간에 먹어 치운다. 모든 것이 찰나에 꺼질 수 있다는 두려움이 바다 가득하다. 차갑게 끓어오르는 '불의 물', 용오름으로 잠깐씩 짐작할 뿐이다. 바다의 리듬이라는 게 그렇게 거대한 하강과 상승이라서 오히려 느끼기 어렵다. 비슈누와 브라마가 쉬바의 링감을 따라 내리-오르는 리듬이야말로 요니의 바다가 부르는 자장가이다. 바다의 신, 쉬바는 그렇게 세상의 소멸에 대한 격노와 새로운 창조의 고뇌를 침묵의 뜨거움으로 표현한다.

바다는 당위의 세계가 아니다. 그저 변화하는 작용과 해석이 있을 뿐이다. 초인이 숨 쉬는 매질일 뿐이다. 이정표를 세울 수 없어서 밟고 설 거인의 어깨가 없다. 처절하게 혼자다. 항상 미답의 시공간일 것을 고집한다. 속살을 내보인 적이 없다. 이아손의 쟁기질로는 어림없는 일이다. 라그나로크 때도 바다는 마르지 않았다. 물푸레나무는 바다에 뿌리를 내리고 생명을 갈무리했다. 무한 긍정일 뿐이다. 바다 자체가 끝없이 움직이는 신체, 자신을 넘치도록 내주는 영혼이다. 바다는 자신을 실행할 뿐이다.

바다는 회색이다. 이 세상 모든 악행을 묵묵히 받아들여서 잿빛이다. 꽃들의 상처와 뱀들의 타액을 섞어 만들어졌기에 그 맛은 쓸개즙처럼 쓰다. 죽음들을 발효시킨 밀주(密酒)라서 당신을 취하게 할 수도 있다. 어두운 날엔 검푸르러 보이고 달빛 아래 은빛 춤을 추기도 하지만 본바탕은 무채색이다. 석양 무렵의 금빛에 현혹되지 말라. 태양이 바다를 물들이는 게 아니다. 바다가 태양을 삼키고 뱉으면서 하늘을 붉게 물들인다. 장엄한 미사, 희생제의의 제단이다. 바다의 썰물이 태양을 빨아들이고 바다의 밀물이 태양을 분출시킨다. 태양이 황금을 꺼내 바다에 뿌리는 것이 아니다. 바다의 숨구멍, 물마루마다 뿜어대는 빛들을 모아 태양이 간신히 빛나는 것이다. 황금반지는 물속에서 빛난다. 차라투스트라는 바다에 가서 즐겨 저녁놀의 빛깔을 맛보았다. 바다에 몸 담그고 아침놀의 향을 들이마셨다.

바다는 야행성이다. 뱀장어는 달이 뜨면 왕성하게 활동한다. 밤바다는 황홀이다. 모든 경계가 사라지는 시간이다. 당신의 손에서 빠져나간 것들이 떠다니기 때문이다. 바다에서의 꿈은 각별하다. 꿈자리는 물결에 흔들리고 어른거린다. 모든 감각 세포를 열어 사물과 교감하는 시간이다. 비록 어지러워도 신기루를 쫓지 않기에 나비는 날지 않는다. 가상(假想)이 가상(假像)을 들여다보는 미몽을 가상(嘉尙)해 해야 한다. 다만 저편의 세계는 부정하라. 환영은 뒤집어 살아내라. 물구바다는 그런 긍정이다. 생성하는 죽음이다. 변신의 고뇌다. 칠흑이라야 제격이다. 차라투스트라가 취한 밤바다는 더 깊고 그윽하다. 어둠에서 빛이 솟구친다. 고통의 지극함이 즐거움이다. 그래서 참다운 음악은 바다에서 비롯한다. 발로 듣는 음악이다. 물구나무서서 추는 윤무다. 현재-과거-미래가 녹아들고 이곳-저곳-그곳이 화해하는, 그래서 시작과 끝이 만나는 강강-수월래! 바다의 온갖 맛을 담아낸 공옥진의 병신춤이다. 우주를 간신히 지탱하는 끈을 붙들었다 놓아버리기를 반복하는 무한선율이 디오니소스를 불러 몰락의 춤을 추게 한다. 달이 정중하면 광기의 바다에서 폭풍이 몰아친다. 중음(中陰)의 바다에서 꿈길은 구원을 거부한다. 하늘로 비상하지 않고 바다의 제물이 되고자 꿈속에서도 몰락하는, 춤추는 조르바를 보라.

바다는 엄연한 동사다. 초인은 개체가 아니라, 지속적인 행동일 뿐이다. 바다에서 초인은 주사위 놀이를 한다. 남김없이 자신을 드러낸다. 바다는 펼침이고, 불인(不仁)의 베푸는 덕이다. 텅 비어 있으나 삶의 충일이며 긍정의 달뜸이다. 생때같은 몸 부닥뜨려 뜨거워진 여신들의 사랑이다. 생식의 의지다. 꽃뱀들의 수많은 혼인이, 그리고 아이가 탄생하는 현장이다. 어미의 목숨을 제물로 바쳐 힘을 얻는 몰락이여! 생명의 무한 증식이 희망이다. 끊임없이 뒤척이는 동사는 퍼렇다. 움직-씨는 자신을 극복하는 근육질이다. 스스로 강해지려는 의지다. 매 순간 자신의 가치를 표현해내는 힘의 의지보다 중요한 것은 없다. 무수한 순간들을 만들어내는 차이의 사이, 끊임없는 생성이다. 바다는 순진무구하고, 어리석고, 뜻밖이다. 몰아치는 바람은 바다의 자식이다. 차라투스트라의 광포한 언어라야 바다를 살려낼 수 있다. 죽비로 바다를 내리쳐야 한다.

방위가 오리무중인 바다에서 파도들은 어느 방향으로 움직이는가? 독수리가 허공을 선회하고 뱀은 제 몸을 휘감는다. 빗각으로 어긋나는 선들은 기울기가 제각각이고, 속도와 강도의 차이 때문에 모든 방향으로 굽는다. 그것이 소용돌이이고 바다의 심연이다. 거기서 무한한 힘이 샘솟는다. 블랙홀이 있어 별이 태어난다. 다양체들의 함성은 오히려 사방으로 꽂힌다. 그것이 혼돈이고 번개고 천둥이다. 끝 간 데 없이 그저 내려치는 힘이다. 내리막으로 파멸로 우리를 몰아가는 차라투스트라의 사랑이다. 차라투스트라의 명정(明淨, 酩酊)한 겨울 폭풍은 열렬하게 무겁고 뜨거운 남풍이다. 모든 고정된 것을 무너져 내리게 하는 난폭한 힘이다. 그래서 바다에서 회오리바람은 방향이 무한대다.

바다의 물굽이는 미분이 가능하지 않다. 접선(tangent line)이 정의되지 않는 순간이다. 양방향의 직선이 서로 어긋나는 경우다. 바다는 그런 황천이다. 파도에서 떨어져 나오는 무한소(無限小)의 백파(白波)는 순간적 증가분이나 감소분이어서 물질과 이미지의 치열한 접면을 이룬다. 들끓는 생성의 최소 부피가 된다. 그 허수(虛數)의 부피들이 모여서 바다가 된다. 그 접면들을 따라 물에 길을 내 물길이 난다. 물길들이 극미세 거리를 두고 접붙어 물고기들이 태어난다. 차라투스트라는 거기 물고기-사람-바다에 낚싯줄을 드리우고…

바다의 성스러운 문 앞을 가로지르는 길들은 서로를 향하지만 만나지는 못한다. '순간'으로 만날 뿐이다. 불연속적으로 굽어 있어 결코 건널 수 없다. 그래서 차라투스트라는 아직 "나 그렇게 되기를 원했노라! 또 앞으로도 그렇게 되기를 원할 것이다"라고 말할 수 없다. 그곳, 그 순간이 바다의 심연이다. 긴 발로도 건널 수 없는 물방울들 간의 간극이다. 물고기들이 태어나고 유영하는 곳이 바로 그 '비어 있음'이다. 태양이 정중하는 순간이자 달이 몰락하는 자정의 시간이다. 그렇게 진리는 굽어 있고, 모든 것은 영원히 회귀한다. 바다 살갖은 곰삭이고 바다 수액은 들끓게 하는 심연의 열의(熱意), 바다에 난 과거로의 길과 미래로의 길들을 끌어당겨 바짝 밀어내는 순간이라는 힘, 그렇게 팽팽하게 동그래지려고 애쓰는 침묵의 무거움, 회전의 극한-세마춤(Sema), 바로 영원회귀의 방식이다. 이미 일어난 일들을 다시 그대로 일어나기를 의지하는 지난함이여! 변신으로 가는 여정의 힘난함이여! '힘에의 의지하는' 것이 곧 '힘에의 의지하지 않는' 경지가 될 때까지 지금은 더 몰락해야 하는 시간이다! 위대한 명령, 폭풍을 일으키고자 하는 당신, 뉘엿거리는 달빛 아래 홀로 바다의 비탈에 서라. 바다의 심장을 물어뜯어라.

바다는 새로운 사건들의 연쇄다. 유동한다. 바다는 진행형의 텍스트일 뿐이다. 우리는 바다의 독자이자 작가다. 시인으로 살아가는 우리가 살아내는 바다, 예술이 따로 없다. 바다에 오체투지 해야 당신은 변신할 수 있다. 바다는 관찰의 대상이 아니다. 온몸으로 참여하고 체험해야 하는 시공간이다. 사람은 바다가 되어야 한다. 무애(無涯)의 피니스테레에서는 심청이처럼 살포시 떨어지지 말고 머리부터 디밀고 격하게 뛰어내려야 한다. 바다를 사랑하라! 사람에게로 가라! 그렇게 바다의 피로, 긴 호흡으로 글을 써야 자신 이상의 것을 창조해낼 수 있다. 차라투스트라는 산을 내려와 대지를 떠나 바다로 내려갔다. 어느 한순간에도 파도는 최선을 다해 밀려오고 온몸으로 물러간다. 구부러지고 몰락해서 아름다운 바다여!

로빈슨 크루소, 방드르디 그리고 포의 바다

사람은 먼저 바다가 되어야 한다.
— 니체, 『차라투스트라는 이렇게 말했다』에서

어느 날이었다. 로빈슨이 정오 무렵(섬에 도착한 지 15년이 되는 해이기도 하고, 소설의 한복판이기도 하다) 해변의 모래사장에서 사람의 맨발 자국을 발견한다. 사람과의 교류가 갑자기 그리워졌을 무렵, 악마보다도 더욱 위험한 존재, 야만족의 발자국을 발견한 것이다. 그때부터 공포에 빠진다. 그러고도 10여 년이 지나 로빈슨은 식인의 현장에서 도망쳐오는 야만인을 구해낸다. 처음 만나는 순간 프라이데이는 로빈슨의 발을 자신의 머리 위에다 올려놓는다. 로빈슨은 스스로는 신이고 프라이데이는 충직한 노예라고 생각했겠지만, 방드르디에게 로뱅송(『방드르디, 태평양의 끝』에서의 로빈슨을 로뱅송으로 부르기로 한다)은 신에게 바쳐야 할 희생제물이었다. 프라이데이와 방드르디를 처음 마주쳤을 때, 로빈슨과 로뱅송은 온몸에 염소 가죽을 걸친 모습이었다. 로빈슨은 프라이데이가 더이상 인육을 먹지 않게 하려고 어미 곁에 평화롭게 누워 있던 새끼 염소를 총으로 쏴 죽여 먹인다. 공포심 때문에 섬에서 처음 만난 생명체인 염소를 몽둥이를 내리쳐 죽였던 로뱅송은 스스로 염소가 된다.(항해일지에서 로뱅송 스스로 자신이 앙도아르라고 고백한다.) 방드르디는 늙은 숫염소 앙도아르를 죽여서 번제를 올린다. 원주민들이 피운 불빛을 보고 로빈슨은 야만스러운 요리를 만들고 있다고 억측을 했고, 로뱅송은 희생제의를 지낸다고 생각했다.

여생을 이곳에서 보내다가 늙은 염소처럼 조용히 누워서 마지막 숨을 쉬는 것을 꿈꾸었던 로빈슨이 왜 갑자기 섬에서의 탈출을 시도하는가, 반면에 염소를 해체하여 만든 연이 되어 하늘로 올라가고자 했던 로뱅송은 마지막 순간 왜 섬에 남는가라는 의문에서부터 이 글을 시작하고자 한다. 로빈슨이 자신이 구축한 왕국을 버리고 탈출하려고 했던 것은 자신이 세운 왕국의 쇠망이 다가왔다는 막연한 불안감, 자연의 야성에 자신이 잡아먹힐 수도 있다는 두려움 때문이었을까. 로빈슨이 탈출할 생각을 구체화하는 시점은 야만인들이 남긴 식인의 흔적을 해변에서 발견한 때가 아니라, 에스파냐 난파선을 본 이후였다. 섬을 탈출하는데 필요한 도구로서의 야만인이 있었으면 좋겠다고 생각했던 것은 이때부터다. 반면에 로뱅송은 인디언들의 희생제의를 목격하고 타인의 부재로 인한 자신의 정체성을 상실하는 위험에서 벗어나기 위한 노력을 하게 된다. 얼떨결에 방드르디를 살려낸 로뱅송은 방드르디를 만나 사회를 이루었다고 생각했고 그때서야 '탈출'호를 떠올린다. 그러나 '탈출'호는 재로 된 배에 지나지 않음을 확인하고 섬에서의 물리적 탈출이라는 것이 무의미하다는 것을 깨닫는다. 어쩌면 우리가 대답해야 할 보다 근본적인 질문은 "표류자 로빈슨과 로뱅송에게 섬은 그리고 바다는 어떤 의미였을까?"일지 모른다.

여기서 좀 다른 방식의 만남을 살펴보자. 오뒷세우스는 포세이돈의 심술로 난파당하여 파이아케스족의 스케리아 섬에 표착한 후 잠들었다가 깬 후, 알키노오스 왕의 딸 나우시카아를 만난다. 오뒷세이아 자신이 들려주는 환상의 표류이야기는 서사시의 중간에서야 시작된다. 그 이전과 이후의 이야기는 무사 여신이 시인 호메로스의 입을 빌려 전한 것일 뿐이다. 알몸의 오뒷세우스는 그녀의 무릎을 붙잡은 자세로 애원하지 않고, 대신 떨어져 서서 그녀를 여신으로 칭송하면서 자신을 사람으로 대해줄 것을 간청한다. 타자를 환대함으로써 진솔한 이야기를 주고받을 수 있게 된다. 그 섬은 활과 화살통에는 관심이 없고 돛대와 노와 잿빛 바다를 건너는 배들에만 관심을 갖는 해양민족이 사는 곳이었다는 점을 기억해두자. 또한 오뒷세우스는 파이아케스족이 마련해준 배에 과분한 선물을 받아 싣고 귀향하게 되는데, 그는 배에 오르자마자 죽음 같은 잠에 빠지고 잠든 채로 고향 땅 근처 포구에 눕혀진다. 알키노오스 왕 앞에서 풀어낸 자신의 표류담은 한바탕 꿈속의 이야기였던 셈이다. 표류인을 환대하는 섬은 노래하는 시인을 붙잡아두지 않는다. 이야기가 통했으면 다시 이야기―바다로 돌려보낼 뿐이다. 그래서 로빈슨 크루소의 이야기는 계속해서 고쳐 써질 수 있는 것이다. 아니 다시 써져야 한다.

이번에는 방드르디가 로뱅송을 처음 만나는 순간으로 다시 가보자. 인디언들의 희생제의의 제물이 될 뻔했다가 도망쳐온 방드르디를 향해 겨누었던 총구가 텐(로뱅송이 길들인 개)이 발버둥치는 바람에 추적자가 쓰러져 죽는다. 공포에 넋을 잃은 방드르디는 이마를 땅에 닿도록 수그린 채 로뱅송의 발을 자기 목 위에 얹어놓으려고 더듬거렸지만 끝내 올려놓지는 않는다. 첫날 저녁부터 방드르디는 텐과 친해지고, 로뱅송은 난파 후 처음으로 웃음을 되찾는다. 더불어 사는 사회를 갖게 되었다고 생각하면서 다시 웃을 수 있는 기능이 되살아난 것이다. 어떤 목적을 가지고 방드르디를 구한 것이 아니기에 방드르디와 로뱅송은 대등한 관계를 맺게 된 것이다. 단독으로는 할 수 없었던 변신을 타자와 함께는 할 수 있게 된다. 나중에 화이트버드호가 접근해서 섬에 연결 고리를 잇는 짧은 순간에 로뱅송이 섬에서의 시간을 파노라마처럼 되새길 때, 방드르디를 만난 이후부터 자신의 생애가 '태양적 변신(?)'을 이루었음을 토로하게 된다. 이제부터 '태양적 변신'의 허실은 좀 더 상세하게 다루기로 하자.

로뱅송의 변신은 항해일지를 통해서 이루어진다. 일상의 기록이 아니라서 날짜가 적혀 있지 않다. 내면 항해를 이끌어가는 타륜의 역할을 한다. 처음에는 가시복을 잡아 짜낸 붉은 색 잉크를 독수리 깃털에 묻혀서 쓰지만, 동굴이 폭파되고 나서는 방드르디가 마련해 준 대청 잎사귀를 갈아서 만든 푸른색 잉크를 앨버트로스 깃털에 묻혀서 쓴다. 독수리는 땅에서 죽은 시체에서 모이를 취하지만 앨버트로스는 바다를 사는 새라는 사실을 기억하자. 그리고 로빈슨은 육지에서 가져온 잉크를 썼다는 사실도. 로뱅송은 바닷물과 빗물로 인쇄된 글자가 다 지워져 버린 흰 책장들을 햇볕에 말려 그 위에 다시 항해일지를 썼다는 사실까지도. 이 글도 로뱅송의 방식대로 쓰고 있다는 것을 알아채셨기를…

해도가 지시하는 대로 항해하다 난파한 섬은 로빈슨에게는 절망의 섬이었고, 로뱅송에게는 탄식의 섬이었다. 로빈슨이 영국을 그대로 옮겨온 섬은 여전히 사람이 살 수 없는 의미 그대로의 무인도로 남지만, 로뱅송이 스스로 답사하고 탐색하면서 해도를 만들어가는 과정은 바로 삶의 의미가 되었고 그 결과가 바로 행복의 섬 스페란차였다. 스페란차도 그 이름 자체에서 도달하기 불가능한 섬이라는 것을 암시하고는 있지만, 로뱅송을 환대하면서 스스로를 해체하고 '다른 섬', 4원소들이 살아 숨 쉬는 신화의 섬으로 변신해가려고 한다. 과연 로뱅송과 스페란차는 변신에 성공했을까?

로뱅송은 동굴이 폭발할 때 결정적으로 변신한 것처럼 보이지만, 실상은 점진적인 것이었다. 방드르디의 도움을 받아 혼돈의 일곱 바다를 힘들여 건너야 했다. 주체와 타자, 그리고 세계의 경계가 사라진 바다, 바다에서 표류라는 것이 그렇다. 목적지가 없다는 것, 방향 감각을 잃어버린다는 것, 확신할 수 없는 목적지를 간신히 어림했다 하더라도 거기로 갈 수단이 없다는 것, 아니 도대체 항해할 이유가 없다는 것이 바로 표류다. 로뱅송이 진흙탕에 뒹구는 것이 표류가 아니고 무엇인가. 육지의 질서라고 생각했던 것들이 바다에서는 뒤집혀 보이는 것이 바로 표류다. 암벽 동굴에서, 나무에서, 장밋빛 골짜기에서, 자궁을 찾는 것은 귀항지가 정해진 항해이기 때문에 표류라고 할 수 없다. 시원으로 가는 길은 급류를 빌려 무임승차하는 정자들의 항해가 아니다. 그래서 우라노스의 성기는 아들의 칼에 잘린 것이다. 아프로디테는 바다에서 무한히 부서지던 포말에서 탄생했다. 그렇게 근본적으로 변신해야 한다. 바다에서 벌어지는 디오니소스 축제의 통음난무, 4원소가 원초적으로 무한 교섭하는 신화의 세계는 표류의 바다에서나 가능한 일이지 않는가. 불은 진정시키고, 흙은 물러지게 하고, 바람은 품는 바다에서 당신은 자신을 해체하고 비워내야 한다.

로빈슨과 달리 로뱅송은 수시로 도처에서 토한다. 고립무원의 섬에서 내려다 본 바다는 거대한 물의 더미일 뿐이었으니 당연한 일이다. 타로 카드 점으로 자신의 운명을 가늠해주었던 버지니아호의 반 데셀 선장의 시체가 걸치고 있는 겉저고리가 풀리면서 튀어나온 쥐를 보고 처음 토하기 시작한다. 물에서 살아야 하는 게가 뭍의 코코아 나무에 올라 그 열매의 속살을 꺼내 먹겠다고 톱질을 하고 있는 것을 보고, 인디언들의 희생제 때 희생제물을 불에 던지고 기도하면서 여자 무당이 그랬던 것처럼, 거울에 비추어 본 자신의 일그러진 얼굴을 보고 토한다. 그리고 화이트버드호에서 식사 중의 대화가 역겨워서 토한다. 화이트보드호가 떠나고 다시 찾아온 고독을 살기 위해, 고성소(古聖所; limbo)의 삶을 다시 살기 위해서 로뱅송은 모든 과거를 토해낸다. 그러고 보면 구토는 바다를 다시 살기 위한 교두보인 셈이다. 물과 성령으로 새로 태어날 수 있는 장소인 해변에서 모든 것을 비워냄으로서 맨몸이 되는 행위인 것이다. 뱃사람들은 육지에서 먹은 것들을 다 토해내고 난 뒤에라야 진짜 뱃놈으로 인정받는다.

로뱅송이 거듭 태어나기 위해서는 먼저 처절하게 절망해야 했지만, 꼭 진흙탕에서 뒹구는 방식이어야 했을까. 그것만이 죽음의 길을 다녀오는 방법은 아니지 않는가. 거기서는 감각의 퇴행이 일어날 뿐이다. 그래서는 어려서 죽은 누이가 그의 꿈속에서 선수상(船首像)이 아니라 선미의 선창에 나타날 수밖에 없다. 그녀는 당당한 여신의 자태가 아니라 창백한 웃음을 지닌 얼굴로 나타났던 것이다. 그래서 바다가 아니라 땅이 로뱅송의 신부가 된 것이다. 등대는 빛의 섬을 만들기 위해서 서 있는 것이 아니라 바다로 돌아가기 위한 빛들의 몸부림인 것을… 섬에서 거듭나려고 하면서 대양을 등지다니… 바다가 있어 섬이 있는 것을…

  영국적 세계관의 재건이라는 미몽을 깨운 것은 물시계를 멈추게 한 게으름이었다. 물시계의 규칙성이 아니라 똑딱거리는 젖은 소리가 그에게 위안을 주었다. 느슨함은 지극히 인간적인 시간이다. 보는 것을 잠시 멈추고 쓰다듬어 만지고 소리와 냄새로 맡아가는 애씀의 시간이다. 물과 땅이 섞인 곳에 드러누우면 진창이지만, 진흙을 손의 온기로 데우면 반죽이 되고 그릇이 되고 먹을거리가 되어서 소꿉놀이가 되는 것이다. 타자는 그렇게 서로를 방문한다. 금빛 모래 안으로 파도가 스며들어 갈 때 서로를 온전하게 포옹할 수 있고 거기서 비너스가 탄생한다. 뱃사람들은 세이렌들의 노래를 잘 듣기 위해서 입을 크게 벌렸다는 전설을 기억하자. 이러한 변신은 일과표가 헝클어진 시간에 일어난다.

  변신의 조짐은 로뱅송이 꿈속에서 숲길을 걸을 때 일어난다. 발부리에 채인 나무뿌리가 꿈틀거리다 염소로 변신한다. 그리고 잠깬 후 최초로 한 행위는 동굴에 들어앉아 어둠의 소리가 모이는 지점을 더듬어 찾는 것이었다. 스페란차의 자궁 속에서 로뱅손은 물고기가 되어 물속에 있듯이 편안했다. 그러나 하얀 어둠 속에 떠 있었을 뿐이다. 결코 바다 속 깊이 들어가려는 시도는 하지 않았다. 그가 꿈꾼 지모신과의 결합은 동굴, 킬레나무, 스페란차를 대상으로 일방적으로 에로스를 방사하는 방식이 아니라 자신을 해체하여 원소로의 철저한 환원이 이루어져야만 가능한 일이었다. 여신을 모욕하는 방식이지 않아야 함에도 불구하고, 심지어는 스페란차가 말할 수 있는 존재가 되었다고, 자신과 대지와의 교합이 성서의 약속대로 만드라고라를 키워냈다고 착각한다. 심지어는 섬이 인간이 되었다고 주장한다.

방드르디가 로뱅송과 합류하는 순간부터 그의 거침없는 웃음은 로뱅송이 스페란차와 맺고 있는 표피적인 관계성의 가면을 벗겨낸다. 그는 선인장에게 옷을 입히고, 동글납작한 돌로 물수제비를 떠서 나비로 변하게 하고, 개가 헤엄칠 수 있도록 저수지의 물을 빼버린다. 결정적으로 개천가의 작은 나무들을 뽑아서 거꾸로 심어 놓는다. 식물인간이 되어 춤을 추고 파도로 몸을 씻는다. 그리고 방드르디는 로뱅송의 딸들 만드라고라를 오염시켜버린다. 이때 로뱅송은 성경이 약속한 '다른 섬'이 대지 여신의 섬의 시대가 아니라 태양이 지배하는 시대일 거라고 고쳐 생각한다. 그러나 바로 그때, 방드르디는 그의 허파에 담배 연기를 가득 채우면서 가슴 속 영적인 공간을 각성시키고, 동굴을 폭파하고 로뱅송이 키워 온 스페란차를 소멸시킨다. 그리스 신화의 세계를 뒤집어버린다.

폭발의 여진으로 스페란차의 수호신이었던 삼나무가 쓰러지고 방드르디와 로뱅송은 형제가 되어 함께 새로운 차원의 표류를 시작한다. 그들이 처음 시작하는 놀이는 물구나무서기였다. 염소의 장기들을 이용하여 강하게 만든 활과 화살로 목표물을 맞히는 (글쓰기)경기가 아니라 멀리 오랫동안 날아가도록 하는 (말하기)놀이를 한다. 방드르디는 곰처럼 큰 야생 염소 앙도아르를 제압하고 그것을 해체하여 연과 공기의 하프를 만든다. 염소를 주식으로 했던 로뱅송은 이미 염소 자체였기에 방드르디는 로뱅송을 희생제의의 제물로 삼은 것이다. 염소를 키워낸 땅은 스페란차이기 때문에 방드르디가 로뱅송을 연으로 만들어 바람에 띄운 것은 대지에 그를 단단하게 묶어왔던 닻줄을 풀어주고 표류하던 배의 돛에 바람을 불어준 것이다. 가벼워진 그가 오른 나무는 거대한 선박이었고, 모든 돛을 펼친 채 마침내 대양을 향해 출범하려는 중이었다. 앙도아르가 부르는 노래는 바다 위를 방황하는 네덜란드 선원이 부르는 노래였다. 그럼에도 불구하고 로뱅송은 자신이 금빛의 큰 새가 되었다고 착각하고 있었다. 대지를 벗어나서 태양의 존재가 되었다고 오해했다. 피닉스로 다시 태어났다고 과신한 나머지 바다로의 항해가 아니라 하늘로의 비행을 꿈꾸고 있었다. 대지와 결합하고, 나무와 교감하고, 공기와 소통하며, 위로 상승하는 불이 되면 중력과 시간의 속박을 벗어나서 무죄의 순간들을 살아갈 수 있다고 생각한 것이다. 그러나 이 모든 오류는 대지와 불과 바람이 교합한 섬의 연금술에서, 결정적인 질료 바다가 빠진 불완전한 제의를 드렸기 때문에 발생한 일이었던 셈이다. 아무리 푸른색의 물감으로 쓴 글이라도 불완전하게 변신한 로뱅송이 쓴 글이라면 4원소의 세계와 소통할 수 있는 목소리가 될 수는 없는 것이었다.

화이트버드호에 오른 로뱅송은 "너는 뭣 하러 살고 있는 거지?"라고 스스로 질문하면서, 자신의 왼손으로 스페란차의 대지를 가리켜 보이고 오른손은 태양 쪽으로 쳐들어 보이는 것으로 대답을 대신하겠다고 한다. 하나님이신 태양 아래서 스페란차는 과거도 미래도 없는 현재 속에서 진동하고 있다고 주장한다. 그러나 방드르디는 스페란차의 한계를 알고 있었다. 버지니아호에 오른 방드르디는 바로 활대들 속으로 몸을 던지고 장루 위로 올라가며 즐거워한다. 방드르디에게 범선은 공기적 속성들인 활, 연, 바람의 하프였고, 바다를 활주하는 4원소의 신화의 세계인 것이다. 로뱅송은 섬에 남고, 방드르디는 섬을 떠난다. 로뱅송은 가능적 세계에 집착하는 문명인이었지만, 방드르디는 언제나 떠날 줄 아는 유목인이었다. 로뱅송은 원소적인 상태로 변하지 못했고, 그 사실을 알아차린 방드르디는 다시 태평양의 경계(Limbes)를 찾아 나선 것이다. 바로 그 지점에서 존 쿳시의 『포』는 시작한다.

수잔 바턴은 더 이상 노를 저을 수 없어서 바다로 미끄러져 들어가서 낯선 섬을 향해 헤엄쳐간다. 뜨거운 모래 위에 드러누워 있을 때 머리 위로 검은 그림자를 드리운 프라이데이, 아니 방드르디를 만난다. 손으로 접촉하고 업어주겠다고 등을 내미는 흑인에게서 두려움을 느낄 이유는 없었다. 그녀가 만난 로빈슨은 원숭이 가죽으로 복장을 꾸린 횡설수설하는 예순 남짓의 노인일 뿐이었다. 삶의 의욕을 상실한 형편없는 표류자였다. 항해일지도 쓰지 않았다. 혀가 짤린 프라이데이가 웅얼거리는 노래가 오히려 인간의 목소리일지 모른다고 생각하지만, 수잔은 프라이데이의 짤린 혀가 감춘 어둠의 진실 때문에 움츠러든다. 로빈슨의 섬은 처음부터 허물어질 수밖에 없는 허구이지만, 수잔의 섬도 시간-바다 위에 떠있는 것처럼 흔들린다. 섬도 표류하고, 로빈슨의 이야기도, 디포의 이야기도 표류하고, 이 모든 이야기의 최초로 돌아가고자 했던 수잔의 이야기도 환영처럼 표류한다. 세상의 일들은 이야기되는 순간 타자화되는 운명을 피할 수 없다. 바다 위를 표류하는 항해자들의 삶은 처음부터, 그리고 그들의 이야기가 종이 위의 글자로 옮겨지는 순간부터, 이그드라실-닻으로도 붙들어 맬 수 없는 표류하는 섬이 아닐까.

어느 날 수잔은 프라이데이가 통나무를 타고 해초가 **빽빽**하게 자란 바다로 가서 꽃잎을 뿌리는 것을 목격한다. 로빈슨은 오버트호에 구조된 지 3일 만에 죽어서 커다란 사슬에 감겨 바닷속으로 미끄러져 들어갔다. 수잔은 이제 자신과 로빈슨 그리고 또 한 사람 프라이데이의 이야기의 주인이 되려고 했다. 로빈슨은 처음부터 이야기하려고 하지 않았고 프라이데이는 혀로 이야기는 것이 불가능했기 때문에, 포가 디포가 되는 것을 용인하면서까지 그의 글을 빌려 자신을 이야기하고 싶어 했다. 세상 만물을 물결처럼 흔들리게 할 수 있고 그 물결 위로 큰 배를 몰아가는 조타수라고 생각한 포에게 수잔은 자신의 실체를 찾아달라고 간청한다. 그렇지만 수잔은 자신이 추려서 진술한 것에 살을 붙여 포가 낳아 보낸 딸을 부정한다. 포의 주장은 섬은 그 자체로 이야기가 되지 않으므로 바다처럼 부풀려져야 한다는 것이었다. 반면에 수잔은 진실은 말을 하지 못하는 프라이데이 안에 묻혀 있고 침묵의 언어는 짧고 강렬하게 이야기되어야 한다고 반론한다. 여성 표류자인 자신에게 발언권이 주어지지 않는다면 최소한 프라이데이에게 목소리를 돌려주어야 한다고 결론짓는다. 수잔과 포의 공방에 아랑곳하지 않고 프라이데이는 포의 예복을 입고 무아지경의 춤을 추면서 목으로는 웅얼거리는 소리로 노래를 부른다. 포가 사용하던 플루트를 불면서 프라이데이의 영혼은 원시의 바다로 돌아가고 있었다. 석판에 걸어다니는 눈들을 무수히 그리고 있었다. 식민주의자의 지배 언어를 거부하면서, 아니 모든 인간의 언어를 측은히 여기면서…

포가 유령들을 불러와 흔들리는 상징의 바다 위에서 글을 쓰고 있는 사이, 수잔이 자신의 존재 결여를 메꾸기 위해 프라이데이를 자신의 욕망의 환유적 대상으로 삼으려고 헛심을 쓰고 있는 사이, 프라이데이는 바다 깊숙이 온몸으로 들어가서 바다를 살아낼 꿈을 꾸고 있었을 뿐이다. 섬에 있을 때 프라이데이는 바다 괴물 크라켄이 바닥에 누워 선원들의 목숨을 노리고 있는 곳으로 가서 침몰한 노예선에 붙들려 있는 수백 명의 노예에게 꽃을 바쳤던 것을 기억하자. 표류 이야기의 핵심은 바다 깊숙이 수장된 선원들의 눈, 입, 심장에 있는 것이다. 로뱅송과 방드르디는 바다의 악마 크라켄에게 희생제의를 올린 뒤 바다의 심장으로 내려갔어야 했다. 가장 순수한 형태의 제의는 이렇게 처절하도록 아름다운 인신공희라야 한다. 물위에는 초라한 모습의 섬이 있지만, 거기 바다 밑에는 거대한 뿌리, 진실이 있기 때문이다. 쿳시의 프라이데이는 포와 수잔을 그리고 우리를 거기로 데려갔다. 우리 모두는 프라이데이의 짤린 혀를 지나 혀뿌리를 확인하고 목구멍 속의 어둠의 계단으로 내려가서 성대보다 그 이전의 근원의 소리를 들어야 한다. 모든 소리가 물방울에 갇혀있는 곳, 바다 속에서 자신의 몸을 통해 용솟음쳐 흘러나오는 물살의 진동을 온몸으로 느껴야 한다. 진실을 담아 멀리 오랫동안 온 바다로 전파되는 고래의 노래를 부를 수 있어야 한다. 섬의 이야기는 과녁을 잃어버린 화살처럼 떠돌지만, 바다의 목소리는 은폐되지 않으려고 차라리 낮게 침묵한다. 다만 있을 뿐, 벌거벗고 춤추고 사랑할 뿐으로…

바다는 섣부르게 속내를 드러내지 않는다. 그래서 로빈슨, 로뱅송, 프라이데이, 방드르디, 수잔, 포, 디포, 투르니에, 쿳시가 풀어낸 바다가 다 다를 수밖에 없다. 그들이 꿈꾸었던 또 다른 섬은 차별하지 않는 바다여야 했다. 사람이라야 했다. 바다는 세상이 물구나 무서는 곳이다. 그것마저도 마구 흔들어 버리는 것이 바다다. 바람이 불어서 바다가 흔들리는 것이 아니다. 바다가 표류해서 바람이 이는 것이다. 태양이 바다를 비추는 것이 아니다. 바다가 태양을 끌어안는 것이다. 바다가 땅에게 구애하는 것이 아니다. 땅이 바다로 미끄러져, 빨려드는 것이다. 그러므로 바다에서의 희생제의는 4원소에게 온전하게 바쳐져야 한다. 존재론적 변신은 섬에서는 원천적으로 불가능하다. 생명은 땅에서 나는 것이 아니다. 원소들은 바다 깊은 곳에 모여 들어 서로를 투명하게 침투하고 황홀한 춤을 추며 자전한다. 영원회귀의 방식으로 세상의 모든 빛과 소리와 형상을 빚는다. 수많은 방드르디들은 바다 전체를 흔들어 온몸으로 우주 차원의 노래를 부른다. 그래서 바다는 당신을 섬에 유폐할 이유가 없다. 그저 바닷물이 자신의 무게로 침잠하듯이 어둠 속으로 바다 속으로 밑으로 하얗게 내려가는 것이다. 우선 바다로 가자, 더 이상 노를 저을 수 없더라도…

물 위에 드러누운 개츠비

> 밤바다
> 여기 함께 앉아 있는 동안 우리는
> — 루미, 「밤바다」에서

반복적으로 등장하는 이미지는 이유가 있기 마련이다. 말하고자 하는 것을 한 번에 그려낼 수 없는 작가의 숙명 때문일 수도 있다. 아니 창작과정 자체가 시뮬레이션, 또는 즉흥 재즈가 아닐까. 그렇게 애써 만들어낸 이미지들은 독자에게 잠시 포착되었다가 사라지기를 반복하면서 흔적을 남기게 되고 그게 모여서 의미가 된다. 아니 흔적들이 기억 속에서 발효할 때 의미가 된다. '행복한 독자'는 발효과정에 개입하여 산패하지 않을 새로운 조합을 숙성해낸다. 자신만의 맛을 우려낸다. 작가가 의도한 것과는 별개로 다른 세상을 펼칠 수 있는 독자는 디오니소스, 아니 '폴리고노스(거듭 태어나는 자)'다. 그렇게 읽는 행위는 자유로운 만큼 고독하다.

잿더미 계곡은 우리의 무심한 일상이 지어낸 추악함이다. 부유하는 먼지들이다. 그럼에도 거기서 우리는 살아내야 한다. 환멸을 뒤에 두고 떠나버릴 수 있는 땅이 아니라 다시 살려내야 하는 장소이니까. 탐욕과 배신이 난무하는 황무지를 견디게 하는, 황량한 세상을 살아내게 하는 힘을 찾아내야 한다. 거대한 산불이 모든 것을 초기화시켜버린 땅에서도 초록빛 싹을 여전히 솟구쳐 오르게 하는 힘은 어디에 숨어 있는가? 개츠비는 자신이 데이지를 사랑하도록 만든 무엇이 그 힘이라고 생각했을 터이고, 그리고 그것을 되찾을 수 있다는 희망을 살아왔다. 닉은 그런 개츠비의 생각이 옳은 것인지 확인하고 싶어 했다. 개츠비의 짧은 삶은 그것을 시뮬레이션해서 증명해내려 했고, 닉은 그것을 지켜보고 기록하여 해석을 독자의 몫으로 넘겼다. 소설에서는 데이지가 초록색 불빛 이미지로 형상화된다. 초록빛 등표는 개츠비의 욕망을 끌어내고 인도하는, 그의 결핍을 메워줄 대상a이다. 그래서 그는 미끄러지기를 한없이 반복한다. 여기서 결론은 잠시 유보하자. 소설에 등장하는 다양한 관점을 우선 살피는 게 좋겠다. 개츠비는 실패했다. 그럼에도 왜 개츠비는 여전히 위대한 자로 우리들 가슴에 남아있는지를 알려줄 때까지…

작가는 소설이 파국으로 치닫는 결정적인 무대인 플라자 호텔로 가는 길목의 잿더미 계곡을 지날 때 세 방향의 시선을 교차시킨다. 에클버그 박사의 길을 굽어보다가 퇴색해버린 거대한 노란 두 눈, 머틀(나중에는 윌슨)의 질투하거나 착각하는 눈, 뒤돌아보는 또는 남의 눈을 통해 들여다보는 닉의 눈. 에클버그 박사의 눈은 재즈의 시대에 신의 자리를 차지한 자본의 관점이다. 무심하고 무자비해진 권력의 관점이다. 머틀과 윌슨의 눈은 맹종하면서도 피해의식에 절은 관점이다. 닉은 관찰자이면서 동시에 등장인물과 사건에 개입하여 영향을 주고받는다. 세 가지 시선 이외에도 소설에는 다양한 시선이 교차한다. 만 저편을 건너다보는 눈, 도시 건물의 노란 창문을 올려다보고 궁금해하는 눈, 에클버그 박사의 눈을 올려다보는 윌슨의 눈, 베이커의 회색빛 눈동자, 개츠비를 불쌍하다고 말하는 올빼미 안경의 눈… 소설에 등장하는 많은 시선 중에서 닉과 달빛의 경우를 제외하고는 모두 일방적이거나 곁눈질 하는 시각이다. 개츠비와 데이지 사이에서도 시선의 교환은 일어나지 않는다.

작가가 독자를 안내하는 것은 닉의 시선을 통해서다. 닉은 자신이 웨스트에그 기준으로 세상을 보게 된 줄도 모르고 있다가, 데이지의 눈을 통해서 새로운 눈을 갖게 된다. 그리고 닉은 우리에게 새로운 눈이 '처음처럼' 사는 방법임을 암시한다. 쌍방향으로 때로는 여러 방향으로, 은밀하게 때로는 치열하게 교섭하는 시선을 권한다. 한편 위에서 언급한 세 가지 시선을 다 갖춘 복합적인 시선이 바로 달빛이다. 단순히 굽어 비치기만 하는 것이 아니라, 조망하면서 적절한 시점에 등장인물들의 감정을 조율하고, 되돌아 반성하도록 개입한다. 개츠비가 어두운 바다를 향해 두 팔을 뻗을 때, 건너편의 초록 불빛을 바라볼 때도 달빛이 어김없이 함께 한다. 달빛의 관점을 수평의 축에서 구현한 것이 바로 닉의 관점이기도 하다. 닉의 시선은 우리를 '행복한 독자'로 가는 길로 안내한다.

제임스 개츠는 슈피어리호의 가장 위험한 곳에서 제이 개츠비로 변신을 시도한다. 이상적인 자신의 이미지를 만들어낸다. 마침내는 자신의 목표를 쟁취할 추동력으로 데이지를 선택한다. 하지만 톰에게 데이지를 빼앗겼다고 생각하는 순간 그 추동력은 방향을 놓친다. 여전히 허상을 붙들고… 그래서 모든 게 부서진다. 무너져 내린다. 개츠비는 시간을 되돌리면 다시 시작할 수 있다고 생각하지만, 산산조각이 난 유리는 원래대로 복원되지 않는다. 시간이 모든 것을 박살 내지만, 시간은 되살려내는 힘을 갖지 못한다. 개츠비와 데이지가 처음 재회하는 날, 비가 퍼부었다. 그리고 이내 짙은 안개로 변해버렸다. 지금껏 꿈꾸어왔던 재회의 순간에 자신이 쫓아왔던 초록 불빛의 환상이 스러져가고 있음을 느낀다. 그 가치를 어렴풋이 의심한다. 산산이 부서진 것은 그들의 시간이었다. 그래서 개츠비는 시간을 되돌리고자 한다. 데이지를 향한 환상을 다시 만들어내려고 한다. 벽난로 위의 시계에 몸을 의지하려 한 이유다. 그러나 시계는 자꾸 들여다보아도 바늘은 되돌아가지 않는다. 고장난 채로 기울어진 시계를 바로 잡아도 시간은 제자리로 돌아갈 수 없다.

소설에서 흰색, 노란색, 푸른색, 초록색, 붉은색, 분홍색이 곳곳에 등장한다. 소설을 지배하는 감각은 시각처럼 보인다. 사건의 전개보다는 결정적인 장면에 초점을 모아 정적으로 그려나간 작가의 전략 때문에 더 그렇게 보일지 모른다. 후각은 철저히 무시된다. 코는 문제가 생기거나 광고판에서 사라져버리고, 심지어 톰은 머틀의 코를 막무가내로 망가뜨린다. 촉각은 미미하게 다루어진다. 개츠비와 톰이 춤추는 장면에서도 어루만짐의 섬세함이 묘사되지 않는다. 그렇다면 청각은 어떨까? 아이러니하게도 개츠비가 실패한 결정적인 이유는 목소리에 무신경했기 때문이다. 데이지는 흰색으로 치장되어 나타나지만, 데이지의 정체성은 그녀의 목소리를 통해야만 드러난다. 말의 굴레를 벗은 순수한 목소리, 침묵하는 어조와 억양으로서의 시원의 목소리. 5년 전의 개츠비는 소리굽쇠가 별들과 부딪쳐 소리 내는 순간을 기다렸다가 첫 키스를 했다. 데이지는 결코 언어의 힘을 빌리지 않았고, 목소리의 살갗으로 공기를 울렸을 뿐이다. 그것이 세상과 접촉할 수 있는 진실한 수단이므로… 주이상스(jouissance)는 말로 다할 수 없음(unutterable)이므로…

닉은 개츠비가 처음에 데이지의 목소리에 끌렸을 거라고 짐작한다. 닉이 데이지와 다시 조우하는 장면에서 그녀의 목소리부터 자세하게 묘사된다. 그녀를 좋아해 본 남자라면 잊기 힘든 어떤 흥분이 실려 있었다고 강조했다. 그녀의 말투는 상대를 숨 막히도록 가슴 떨리게 하는 심장을 닮았다. '다시는 연주되지 않을 음정들의 배열' 같은 목소리는 누구도 거역할 수 없는 세이렌의 유혹이었으리라. 처음에 개츠비는 그녀의 음성에 사로잡혔다. 그럼에도 그는 진실을 깨우치지 못한다. 자신의 언어에 골몰하느라 데이지의 목소리를 잡아채지 못했다. 그래서 소설은 애초부터 또 하나의 비극으로 결말날 운명이었다. 펄펄 끓는 어느 날 데이지의 집에서 닉은 데이지의 목소리에는 신중한 구석이 없다는 것을 알아차리고, 개츠비는 "돈으로 충만한 목소리야"라고 불쑥 내뱉는다. 그때 은빛 초승달이 서쪽 하늘에 계시처럼 떠있었다. 마치 파국을 예비하는 것처럼… 아련하도록 기다려왔던 따뜻한 목소리가 전해오지 않을 거라고 체념한 순간, 모든 것을 내려놓은 순간, 개츠비는 무슨 생각을 했을까?

섬뜩한 나뭇잎들 틈새로 올려다 보이는 하늘이 개츠비에게 지금까지와는 전혀 다르게 보였을 것이다. 그리고 전율했을 것이다. 장미꽃이 저렇게 기괴스럽게 보일 수 있다니… 돌보지 못해 웃자란 잔디 위로 쏟아지는 햇빛이 이렇게나 쓰라리다니… 현실 같지 않아 보이지만 여전히 생생한 저 세상에서는 애처로운 혼령들이 공기처럼 덧없는 꿈들을 들이마시며 떠돌고 있었다. 형체가 흐릿해져버린 나무들을 지나 잿빛의 환영이 개츠비에게 다가오고 있었다.(이하 소설에서 인용한 글은 본문의 흐름에 맞추어 글쓴이가 새롭게 번역하였다.)

개츠비는 마지막 순간 무엇을 보았을까? 무엇을 들었을까? 손을 뻗어도 끝내 닿지 않던 그것의 그림자라도 언뜻 보았을까… 목소리는 공기의 흔들림일 뿐이라서 내 몸이 지금 떨고 있는 거라고… 죽음을, 고통을 통해서만 보고 들을 수 있는 거라고…

자연을 거역할 수 없는 것은 우리 모두의 숙명이다. 거대한 이파리들은 비를 막아주고, 나무들은 개츠비가 세상이 덧없음을 볼 수 있도록 틈새를 내주기도 하지만, 떨어진 낙엽들은 개츠비의 죽음 뒤의 세상도 제멋대로 방향을 바꾸어버린다. 결코 완성되지 못할 원을 그리며…

물이 미세하게 흔들렸다. 거의 감지할 수 없을 정도로. 맑은 물이 풀장의 한쪽 끝에서 흘러나와 저쪽 배수구로 쫓기듯 빠져나가고 있었기 때문이었다. 물결의 그림자가 만든 작은 파문이 개츠비를 태운 매트리스를 불규칙하게 저 아래쪽으로 떠밀고 있었다. 수면에 자국 하나 낼 수 없는 가냘픈 바람에도 운명처럼 개츠비를 실은 매트리스의 진로는 흔들렸다. 호수에 떨어진 낙엽 무리에 닿자 개츠비의 삶의 궤적을 그리듯이 수면 위에 얇게 붉은 원을 그려나가고 있었다.

그럼, 시간의 주름을 다시 펼 수 없어서 서러운 우리는 어째야 하는가? '처음처럼'은 낯설게 하기다. 그래서 처음 그 설렘이어야 한다. 온몸을 때리는 감각들의 총화라야만 떨릴 수 있다. 개츠비는 데이지의 목소리를 놓치지 않았어야 했다. 한번 뱉어지고 나면 화석이 되어버리는 언어는 아니다. "개츠비를 사랑했다" 맹세하라고 강요하는 것은 무대책이다. 개츠비는 뒤늦게 자신의 언어가 그녀를 오히려 움츠러들게만 한다는 것을 느낀다. 잃어버린 목소리는 더 이상 만질 수 없다는 것을 알아차린다. 그럼에도 속수무책이다. 눈부신 흰색 드레스는 쉽게 변색되어버리지만, 살 냄새는 오래 기억되어 살아남는다. 개츠비는 저택이 아니라 자신의 목소리를 만들었어야 했다. 원시의 목소리로 데이지의 목소리를 되살려내야 했다. 그리고 그 목소리와 섞여야 했다. 시선의 교차보다 더 지극히 몸을 섞듯이⋯ 목소리는 우리의 기억이고 삶이다. 목소리는 우리가 순응해야 하는 시간이다. 세상을 펼치는 힘이다. 세상을 살려내는 힘이다.

마지막 장면에서 닉은 개츠비가 섰던 자리, 그 해변에 선다. 어김없이 달빛 아래 초록 불빛을 바라본다. 그 초록 불빛은 이제 흐릿해졌으므로, 그때 닉은 개츠비가 서럽게 자유로웠음을 깨닫는다. 그리고 우리에게도 그 고독한 자리에 설 것을 요청한다. 다시 태어난 개츠비처럼⋯ '처음처럼'은 시간을 되돌리는 것이 아니다. 지금 여기서 다시 태어나고, 다르게 사는 것이다. 온몸으로 살아내는 것이다. 물살을 헤치면서 거듭 태어날 자이기 때문에 개츠비는 위대하다. 닉을 거기 세웠듯이 우리를 그 자리에 서게 했으므로, 세상을 거듭 살만하게 하는⋯ 삶의 가능성에 예민한 감수성으로⋯

개츠비는 초록 불빛을, 흥분할만한 미래를 믿었지만, 그것은 우리 눈앞에서 물러나기만 했다. 우리로부터 빠져나갔다. 그러나 괜찮다. 내일 우리는 조금 더 빨리 달릴 테니까, 우리의 팔을 조금 더 멀리 뻗을 테니까… 그리고, 어느 맑게 갠 날 아침에 -

그래서 우리는 물살을 거슬러 배를 몰아간다. 끊임없이… 바다는 여전히 깊고 어두울 뿐이다.

위고, 바다에 빠져서 웃는 남자

> 자유인이여, 그대는 언제나 바다를 사랑하리!
> ― 보들레르, 「인간과 바다」에서

빅토르 위고는 진정으로 여자를 사랑하는 남자였다. 남자는 여자로 인해서 완성되는 거라는 걸 알아차린 뱃사람이었다. 바다에서라야 영혼의 구원이 가능하다는 걸 그는 일찌감치 알아챘다. 바다는 여성이다. 바다로 유배되었던 빅토르 위고가 더욱 맹렬하게 글을 쓰게 된 것도 유배된 섬에서 바다의 여성성을 발견했기 때문일 것이다.

인간은 종교의 미신과 사회의 편견, 그리고 자연의 물질성과 싸워야 하는 숙명을 짊어질 수밖에 없다. 이렇게 인간이 풀어내야 할 3대 필연적인 과제인 운명(아난케)은 여신이 관장한다. 종교와 사회도 소설이 다루어야 할 중요한 주제이지만, 그것들의 바탕이 되는 것은 자연이다. 그래서 위고는『파리의 노트르담』,『레미제라블』을 쓴 뒤에, 『바다의 노동자』를 썼을 것이다. 땅은 바다에서 난 것이기에 위고가 바다로 간 것 자체가 그의 숙명이었는지 모른다. 이제 쟁기로 땅을 파는 문제는 배가 바다를 가르는 문제가 되었다. 뱃놈이 전면에 나설 수밖에 없다. 배 위에서 내려다보는 밤바다에는 별들이 내려와 있다. 그 별들은 물질성의 바다 위에 심연의 구멍을 판다. 그래서 어느 고독한 뱃사람은 밤이면 내면의 심층으로 침잠해 들어간다. 『바다의 노동자』는 뱃사람이 바다의 무서운 힘들과 사투를 벌이는 이야기다.

모든 섬은 바다와 바람의 신비로운 작용으로 태어난다. 망슈 군도의 섬들은 배에게는 암초이면서 피난처였고, 그중에서도 게른제 섬은 운명의 피난처이자 구원의 장소가 될 운명이었다. 섬에 사는 사람들은 바다의 영혼을 가지게 된다. 게른제는 곶을 세 개 가진 삼각형 모양의 섬(trinacria)이다. 포세이돈의 삼지창인 셈이다. 그 섬에서 크리스마스 날 아침에 성처녀 데뤼셰트가 눈 위에 '질리아'라는 타자의 이름을 쓰는 순간 비탄의 장소가 구원의 장소로 변전한다. 그녀는 주변의 모든 것에 살아 있음의 기쁨을 주는 요정이다. 그녀는 새의 발처럼 작은 손을 가졌다.

질리아는 사람들이 좋아하지 않는 사람이었다. 귀신들린 외딴집에 살았다. 바람과 바다의 어두운 얼굴을 닮아서 처녀들은 그를 못

생겼다고 생각했고, 두꺼비와 바위와 바다와 대화하는 능력 때문에 사람들이 그를 두려워했다. 한밤중에 바위 위에 앉아 바다 유령과 교감하는 범신론자였다. 마법사이자 치유의 능력을 갖췄다. 무엇보다도 바다에 능통했다. '팡스'라는 배가 불룩 나온 배를 길들인 고독한 뱃사람이었다. 바다에서는 다른 삶을 살아야 한다는 것을 일찍이 깨달은 사람이었다.

질리아는 셰즈 질돌르뮈르 바위 위에서 바다를 명상한다. 바다를 바라보는 것은 위험한 일이다. 바다의 광활함을 관조하기 위해서는 바위 위의 옹색한 공간이 적절하다. 바다의 깊이를 재기 위해서는 낭떠러지 바위에 앉아야 한다. 바다의 표면을 술렁이는 물결이 아니라, 저 아래 깊숙이 흐르는 심층 해류를 통해서 보이지 않는 힘의 세계를 추적해야 마땅하다. 물결, 바람, 번개, 태풍, 바다를 작동시키는 힘을 온몸으로 느끼기 위해서는 결국 바다로 뛰어들어야 한다. 혼돈의 바다를 관조하기 위해서라면 자신을 버릴 수 있어야 한다. 무한한 우주를 응시하는 눈으로 가장 내밀한 영혼을 파고들기에는 바다 위에 솟은 바위가 제격이다. 바다로 뛰어드는 방법은 여러가지겠지만…

증기선 뒤랑드호는 불을 뿜으며 헐떡거리는 리바이어던이었다. 뒤랑드와 데뤼셰트는 한 몸 같은 존재이고 성처녀이기도 하다. 뒤랑드의 주 항로는 망슈 군도의 바다였다. 그 바다를 주재하는 신은 오크리니에 왕이었다. 그는 난쟁이면서 기형의 물고기 형상이었다. 심한 풍랑이 몰아칠 때는 어김없이 나타나서 춤을 춘다. 난파당한 사람을 영접하려는 어릿광대였다. 뒤랑드호를 진수시킨 것은 바다를 거스르는 행위였다. 자연에 인공물을 투하한 것이다. 지옥도가 펼쳐질 징조였다. 뒤랑드호는 신이 강제로 분리해 놓은 물과 불을 함께 섞어서 추진력을 얻는 기계−악마였다. 불의 힘으로 물 위로 뜨는 부력을 얻어 항해하는 새는 데뤼셰트였다. 데뤼셰트는 두브르 바위에 좌초될 수밖에 없는 운명이었다.

    인간의 탐욕으로 이미 오염된 뒤랑드호는 안개 속으로 들어간다. 하얀 어둠이 깔리자 유령선이 된다. 뒤랑드는 자신의 운명을 바위에 들이받았고, 그렇게 죽어갔다. 물에 빠진 자는 함께 빠질 자를 애타게 부르게 마련이다. 에우리디케는 오르페우스를 지하 세계로 유혹한다. 질리아는 데뤼셰트의 유혹에 이끌릴 수밖에 없는 운명이었다. 뒤랑드호의 엔진, 아니 데뤼셰트의 심장을 구하기 위해서 질리아는 바다로 나선다. 그는 거대한 물밑 동굴에서 바다에 의해 삼켜진 빛의 향연을 본다. 바다의 고동이 느껴지는 죽음의 궁전이었다. 바다 밑에서는 물 위에서와는 다르게, 숨을 들이마시면 삶이었고 내쉬면 죽음이었다. 모든 빛이 모여들어서 어둠을 창조해내고 있었다. 질리아는 그 순간 침묵의 황홀경을 체험한다.

로크 키샹트 바위는 들판에 박혀서 노래하는 수탉이었다. 셰즈 질도르뮈르 바위는 해변가에 서서 잠자는 의자였고, 두브르 바위는 난바다 한복판에 솟아 있었다. 세상의 모든 바다에 뿌리를 둔 암초는 바람이 굳어진 것이다. 그중에서도 두브르는 태풍이 굳어져서 만들어진 미궁이었다. 인간의 눈에 띄지 않는 무시무시한 형체들이 어둠 속을 떠돈다. 그래서 바다는 거기에 두 개의 기둥으로 제단을 세웠다. 히드라들이 바다 여신들을 경배하는 제단이다. 그래서 뒤랑드는 난파의 마지막 순간 파도에 실려 두브르 바위기둥 사이에 못 박힌 희생제물처럼 매달아진다.

기둥처럼 완강한 바위의 두 다리 사이에 낀 뒤랑드호의 엔진을 건져내는 작업은 자신을 적대하는 바다의 어두운 힘과 싸우는 일이었다. 질리아는 이 과업을 완강한 고독 속에서 수행했다. 분리되지 않는 어둠을 응시하면서 '아무것도 아닌 존재(being nothing)'를 경험한다. 그가 구출하려는 것은 바닷속의 성배였다. 사투 끝에 엔진을 구해내 팡스호에 실었지만, 밀물이 들자 이번에는 연통이 다시 바위에 끼이게 된다. 썰물 때를 기다리는 동안 잠들어 물이 파랗게 불타는 현상(도깨비불; 燐光; phosphorescence)을 목격하고 나서 잠에서 깬다. 뒤이어 폭풍이 몰아친다. 바람은 측정 불가능한 어둠 속에서 불어와 무의 상태로 사라지는 힘의 소용돌이다. 바다는 바람에 맞서지 않는다. 파도라는 촉수를 뻗어서 바람과 뒤섞이는 난장을 벌일 뿐이다. 하얗게 부서지는 비명(悲鳴, 碑銘)들의 수의(壽衣)가 펼쳐진다. 바다가 수평인 이유이다. 질리아는 스스로 바위가 됨으로서 폭풍과의 투쟁에는 승리했지만, 팡스호의 뱃전 구멍으로 물이 새는 바람에 또 다른 곤경에 처하게 된다. 외부에서 투입되는 고난보다도 내부에서 새어나가는 누설이 더욱 고통스러운 법이다. 마침내 탈진 상태로 바위 위에, 아니 바다 위에 드러눕자 질리아는 비로소 평온해진다. 그의 입술을 갈매기가 구원처럼 부리로 쪼았다.

배가 고파서 바닷가재를 잡아먹으려고 들어간 동굴은 돈에 눈이 멀어버린 클뤼뱅이 문어에게 잡아먹힌 물밑 동굴이었다. 심연에서 그를 기다리고 있는 것은 문어(이 문어는 『웃는 남자』에서 조지안느의 육감적인 육체로 환생한다.)였다. 그의 몸은 바다의 점액성에 휩싸인다. 문어의 벗은 팔에 휘감긴다. 바다의 구멍을 느낀다. 흡반에 붙잡혀 피를 빨린다. 바다 한가운데서 바위는 문어로 변신한다. 문어는 바다를 농축한 괴물이다. 여덟 마리 뱀의 형상을 다리로 가진 메두사이다. 바다 괴물은 발톱을 사용하지 않는다. 먼저 자신의 근육을 수축시켜 빈 공간을 만들어 낸다. 흡반의 음압으로 먹이를 단숨에 빨아들인다. 바다가 딱 그렇다. 별들이 바다에 그득한 이유다. 빨아들여 함몰시킨다. 바다는 농축의 행위 그 자체다. 질리아는 어둠의 심연을 촉발했고 그 행위가 바다에 폭풍을 일으킨 것이다. 조지안느의 관능은 바다에서 발원한 것이다.

질리아를 거듭 태어나게 하려고 바다는 어둠의 자궁이 된다. 바다에 빠진 자는 태아 상태로 되돌아가야 한다. 다시 물질의 그로테스크한 상태가 되어야 한다. 동굴에서는 우주적인 숨쉬기만 허용된다. 바다를 빨아들이고 별들을 삼키고, 그리고 거리 감각이 사라지고 모든 형상이 파괴되어야 한다. 그런데도 바다의 태아는 공포를 느끼지는 않는다. 불안하지 않다. 사라지지 않는다는 확신이 있기에 추락하면서 약간의 현기증을 느낄 뿐이다. 빨아들임을 당해야 어둠 속으로 들어갈 수 있다. 삼켜짐을 당해야 어둠의 속살을 만질 수 있다. 서로 먹고 먹히는 히드라의 망에서 생명이 다시 소생한다. 바다 괴물은 덩치로 승부하지 않는다. 흡반이라는 텅 빈 거푸집이 있을 뿐이다. 산 채로 빨아들여짐으로써 우주는 작동한다. 바다라는 어둠이 뭇 생명을 키워내는 방식이다. 헤엄치는 것들의 움직임만이 넘쳐날 뿐이다. 바다가 소란스런 이유이다. 이것이 빅토르 위고가 탐닉한 여성의 권능이다.

위고가 천착한 바다에서는 바위가 무덤이다. 바위의 뿌리는 바다의 숨구멍들을 따라 뻗는다. 무수한 심연의 구멍들이 리좀처럼 증식한다. 무시무시한 입을 가진 심연이다. 바다의 무질서가 지은 궁전은 장엄하다. 바다의 미궁 두브르는 소용돌이치는 세상의 중심축이었다. 두브르가 뱉어내는 호흡으로 태풍이 몰아치면, 바다 전체가 흐릿해진다. 무애의 혼연이 된다. 투명과 불투명이 섞인 회색이 된다. 모든 것이 무로 돌려진다. 바다는 액체화된 밤이고, 밤은 기체화된 바다라서 그럴 것이다. 태풍의 바다에서는 우주적인 뒤섞임으로 들끓다가 소용돌이치면서 물질의 변형이 일어난다. 바다에서 무한한 생명이 탄생하는 방식이다. 바다 한가운데 뿌리를 둔 두브르 바위 위에서라야 비로소 우주의 어둠의 심연을 볼 수 있는 연유다. 승천과 상승의 방향이 아니라, 추락의 방향과 하강의 힘이 세상을 절대적으로 지배한다. 모든 것을 비워내고 버리고 나서의 일이다.

이렇게 바다에 삼켜지면서 절대적 증오를 체험한 질리아는 담대해진다. 절대긍정의 세계가 열리게 된다. 바다라는 무의식 속에서 영혼을 찾아낸 질리아는 더는 현실의 데뤼셰트에 집착할 이유가 없어진다. 바다는 한없이 푸르렀다. 해수면이 떨렸다. 물이 차올랐다. 어둠의 평온함이 질리아의 깊은 눈으로 차오른다. 데뤼셰트는 떠남으로써 오히려 떠나지 않았다. 바다가 데뤼셰트이고, 어둠이 비로소 가득했다. 바다는 그대로 온전한 무덤이다. 질리아는 사랑을 포기한 것이 아니라, 죽음을 품었다. 바다에서는 모든 사물이 희미해지고 작아지고 사라지고 있었다. 바다밖에는 아무것도 없었다.

바다는 하나의 거대한 물뱀이다. 바다는 주름의 아라베스크이다. 변모의 도가니이다. 괴물은 가능성의 잠재태가 꿈틀거리는 상태를 말한다. 우리가 뱀을 무서워하는 이유다. 삼키고 나서 창조한다. 구원은 모든 것이 썩어가는 바다에서 가능한 일이다. 질리아는 바다에서 생성된 어둠 자체였기 때문에 자신을 희생할 줄 알았다. 소멸과 생성이야말로 바다의 위대한 노동이다. 그래서 바다에서는 세상의 모든 것이 연대한다는 것을 알아차리게 된다. 어둠은 연대의 힘이 보여주는 불가분이다. '여자–되기'라야 가능한 일이다. 빅토르 위고는 바다 그 자체였기에 땅의 일을 말할 자격을 갖추게 된다.

"위르쉬스(곰)와 오모(사람)는 끈끈한 우정으로 연결되어 있었다." 『웃는 남자』의 서막은 이렇게 시작한다. 남자는 곰이 되고자 하고, 늑대는 사람으로 받들어진다. 사람과 짐승이 역전된다. 위르쉬스는 오모에게 인간으로 퇴화하지 말라고 말한다. 그들이 세상을 떠돌아야 하는 이유다. 세상이 들어야만 하는 원시의 바닷소리를 들려주기 위해서 떠돌아다닌다. 그들의 공연무대인 마차 '그린박스'는 세상을 주유하는 신전이었다. 유랑극단은 비속어와 냉소와 욕설이 난무하는 난장의 바다를 펼친다. 세상을 전복하는 힘은 웃픈 민중의 바다로부터 시작한다. 바다는 모두의 어깨가 나란해지는 인간과 짐승이 유대하는 세상의 본이다.

『바다의 노동자』 마지막 장의 제목은 「거대한 무덤」이다. 질리아는 셰즈 질돌르뮈르에 앉아 에브느제르 신부와 데뤼셰트가 탄 캐시미어호가 멀어져 가는 것을 본다. 그윈플렌은 눈보라치는 바위 위에 못 박힌 듯이 앉아 마튀티나호가 사라져 가는 것을 본다. 그 배에는 콩프라시스코 일당이 타고 있었고, 그중에는 독실한 박사가 영혼의 우두머리 역할을 하고 있었다. 그윈플렌은 질리아가 바다에서 환생한 존재이다. 세상으로부터 버림받고, 다시 콩프라시스코 일당으로부터 버림을 받은 아이는 폭풍설이 휘몰아치는 광야로 내몰린다.

아이는 북쪽으로 배는 남쪽으로 간다. 어느 쪽이나 어둠이 덮쳤다. 그윈플렌은 얼굴을 빼앗긴 채로 땅을 유랑하고 그의 빼앗긴 기억은 호리병에 담겨 바다를 떠다닌다. 그윈플렌이 땅에서 유랑을 시작하면서 맨 처음 맞닥뜨리는 것은 교수대에서 처형당한 주검, 사회가 처분해버린 여분의 존재였다. 그 유령은 항해용 사슬로 묶여 있었고, 역청이 칠해져 있었다. 죽음의 뼛속에서는 골수가, 뱃속에서는 내장이 수탈당한 상태였다. 주검의 치아는 비명을 질렀겠지만 웃음을 간직하고 있었다. 자신을 내려다보는 텅 빈 눈의 시선을 응시하는 순간, 언덕 아래쪽에서 바다의 포효하는 소리가 들려왔고, 그때 그윈플렌은 세상을 비웃어 주겠다고 다짐한다. 주검이 바람에 흔들리자 그윈플렌은 생명의 깨어남을 느낀다. 생의 의지를 자각하는 순간 그는 어릿광대가 되는 길로 나선다. 그리고 그 버려진 아이는 죽어가는 아기의 목소리를 듣게 된다. 어둠 속에서 내던져진 두 생명이 입맞춤한다. 한참 뒤의 일이지만 그윈플렌이 바다로 다시 돌아가는 마지막 순간 그의 얼굴은 십자가 위의 예수처럼 일그러졌으나 웃는 얼굴로 변하게 된다.

그윈플렌은 바다가 애써 토해낸 바다의 아들이었다. 우리가 추방한 우리 자신의 추함이라서, 일부러 일그러뜨린 얼굴이라서 더욱 추한 모습이다. 남을 즐겁게 해주기 위해서 웃어야 하는 얼굴이라서 그로테스크하다. 그리스 연극 무대 정면에 자리했다는 메두사의 얼굴이다. 세상의 모든 광기를 응축한 몰골로 관객을 모독하겠다는 의지의 표현이다. 어느 상황에서도 없앨 수 없는 웃음은 강박적이어서 비극적이다. 어릿광대의 웃음은 양가적(兩價的)이다. 유쾌하게 무장해제 시키지만, 그 가운데 파괴적인 힘이 온존해있다. 바다가 그대로 옮겨진 그윈플렌의 끔찍하게 웃기는 얼굴은 사람들을 난파시켰다. 세상의 모순 때문에 인간의 얼굴 근육이 뒤틀린 것이기 때문이다. 비웃어 주어야 하는데 웃을 수밖에 없어서 오히려 부조리할 정도로 숭고했다.

바다가 웃으면 태풍이 인다. 바다가 울 때는 오히려 잔잔할 때다. 태풍이 불면 바닷속이 까발려진다. 찢어짐과 찌푸림 속에서 바다의 힘들이 어김없이 부서지면서 소용돌이친다. 전부이면서 무 자체인 바다-괴물은 제대로 발음되지 않는 소리로 외친다. 바다의 폭풍설은 세상을 정반대로 바꾸어버린다. 하늘은 검게 되고, 바다는 하얗게 된다. 아래는 포말로 들끓고 위는 어두워진다. 하얗게 부서지는 검은 세계가 된다. 그렇게 바다의 실상은 추함 그 자체이다. 세상의 전복은 바다가 포효하면서도, 웃을 때 가능한 일이다. 웃음은 세상을 무장해제를 시킨다. 사물과 사태에 좀 더 가깝게 접근할 수 있게 한다. 권위를 무너뜨리는 것은 바다의 거대한 웃음이다. 바다에서 폭풍이 세상의 배들을 난파시킬 때, 그윈플렌은 바다의 얼굴로 세상을 전복시키려고 나선다. 세상을 뒤집기 위해서는 그윈플렌의 얼굴이 먼저 망가트려져야 했다.

바다에서 난파를 면하기 위해서는 모든 것을 버려야 한다. 바다에 던져야 한다. 침례의 예를 치러야 한다. 그러고 난 후에라야 다른 배로 갈아타고서 땅 위에서 구원의 항해가 시작된다. 그전에 버려진 아이의 기억이 양피지에 쓰여서 호리병에 담기고, 입은 밧줄로 막고 역청에 담겨서 봉인된 채로 대양을 떠돈다. 소지(燒紙)는 사르면 하늘로 올라갈지 모르지만, 물에 빠진 사람들의 영혼은 바다의 구천(九泉)을 흘러 다닌다. 하늘의 은혜가 아니라 바다의 노고가 구원의 원천이다. 땅이나 바다나 황천(荒天)이기는 마찬가지다. 죄를 품고 있던 배가 고백성사를 담은 호리병으로 변하고, 바다는 그것을 떠다니도록 무심한 듯 내버려 두었다. '바다의 노동'이란 그런 것이다. 그러다가 숙명처럼 해변까지 밀려와 사람들에게 발견된다. 바다의 봉인이 뜯기는 순간 그윈플렌은 바다의 매혹, 바다의 미궁, 나신으로 무장한 세이렌, 조지안느의 관능으로부터 헤어나서 바다의 매혹을 온전히 받아들일 수 있게 된다.

기형은 숭고함의 이면이 아니다. 그로테스크 자체가 아름다움이 될 때, 그것을 숭고하다고 말한다. 아름다움은 빛 속에서 발견되는 것이 아니라 어둠 속에 태어난다. 데아가 그렇게 태어난다. 앞을 보지 못하는 두 눈이 오히려 빛난다. 그녀의 눈에는 바다의 깊이가 담겨 있었다. 그윈플렌의 본래 얼굴을 제대로 볼 수 있는 유일한 사람은 데아였다. 그녀는 눈이 아니라 마음으로 보기 때문에 바다의 소리를 놓치지 않는다. 데아의 연약함이 은총이라는 것을 이해하는 사람은 그윈플렌뿐이었다. 그윈플렌과 이브는 세상으로부터 비참하게 추방당한 아담과 이브이다. 버려진 사람은 버려진 사람만이 구원할 수 있는 법이다. 조지안느가 그윈플렌을 활화산처럼 욕망했지만 끝내 결합하지 못했던 이유였다. 기형과 불구는 서로를 품어 줄 수 있다. 서로가 서로에게 구원이 되는 것이 진정한 연민이다. 그들이 수많은 갈림길을 따라 유랑하면서 잠시 들르는 장터는 땅의 바닥이었다. 그들이 돌아갈 곳은 세상의 가장 아래 바닥인 바다라야 했다.

빅토르 위고의 작품 속에는 어둠이 구체화된 온갖 형태의 물리적 기형과 도덕적 결함, 그리고 힘의 뒤틀림이 넘쳐난다. 바다는 어둠에 속한다. 어둠 속에 민중이 살아가고 있다. 물속에서 떠다니는 플랑크톤이 바다를 지탱한다. 빅토르 위고는 손에 잡히지 않는 민중의 삶을 바다라는 프리즘으로 읽어내어서 소설화했다. 바다에서 인간은 동물에 가장 가까워진다. 두 다리로 서는 일이 무의미해지기 때문이다. 육지의 아등바등이 무상해진다. 인어가 바다에 사는 이유다. 인어가 인간이 되고 싶어 했다는 전설은 모두 허구다. 바다에서 추함은 다채로워서 아름답다. 바다는 디오니소스 축제의 현장이다. 모든 물고기는 발기 상태로 헤엄친다.

높은 곳과 낮은 곳이 섞이는 현장은 카오스이다. 서로가 삼키고 뱉어내는 카니발이다. 고대 그리스에서는 비극 3부작이 공연되고 나면 이어서 사티로스극이 펼쳐졌다. 사티로스극은 비극의 주인공들을 희화화해서 웃음을 선물한다. 웃음의 자리는 땅과 바다의 경계면이다. 민중의 웃음은 해학 속에 감추어진 비수다. 모든 권위의 가면이 비늘처럼 떨어지는 자리다. 위선이 벗겨지고 본질이 폭로되는 난장이다. 맨살이 드러나면 그로테스크해지기 마련이다. 바다에서 펼쳐지는 사티로스극에서는 합창이 한창이다. 바다는 절정의 합창이다. 전복은 이 순간 이루어진다. 육지에서는 그윈플렌과 데아의 결합이 이루어지지 않는다. 그래서 그들은 바다로 간다. 바다는 육지에서 소외된 자들을 품는다. 바다의 부력이란 이런 것이다. 땅에서의 다툼이 하찮아질 정도로 가벼워진다. 바다는 스스로 고독해지면서 자신을 끝없이 시퍼런 언어로 패러디한다. 그래서 바다는 숭고하도록 그로테스크하다.

빅토르 위고는 바다의 어둠을 표현해내려고 애썼다. 미처 죄를 짓지 못한 사랑하는 딸 레오폴딘을 익사시킨 물의 무자비함을 노래하고자 했다. 등대 불빛을 찾지 않았다. 등대를 피해서 바다의 심연으로 갔다. 문어의 유혹을 물리친 질리아는 아름답지만 숭고에 도달하지는 못했다. 데뤼세트는 사랑을 갈망하는 여인이었지만 데아는 구원을 갈구하는 인간이었다. 미천한 사람들 속에 살고자 했던 그윈플렌은 숭고하다. 질리아는 바다에 가라앉지만, 그윈플렌은 바다로 뛰어든다. 모든 것을 받아서 뒤섞어 버리는 바다의 소용돌이에서 태어나서, 진창에서도 난파를 꿈꾸는 자는 바다로 다시 추락해야 한다. 광장의 언어를 닦으려면 다시 바다로 돌아가야 한다. 바다는 지금도 세상은 죄스럽고 물구하다고 웃고 있었다. 바다는 자신을 일그러뜨림으로써 다시 일어선다. 자신이 삼킨 것들을 모아서 다시 생성시킨다. 배는 계속 항해했고…

파우스트, 바닷속 심연으로 가다

> 바다여, 그대는 우리의 영원한 지배자.
> — 요한 볼프강 폰 괴테, 『파우스트』에서

거의 평생에 걸쳐 바다를 고민했던 사람이 괴테다. 60여 년 (1773~1832)을 『파우스트』와 함께하며 치열하게 살았다는 말이다. 격랑의 시대정신을 담아낸 『파우스트』는 그 자체로 바다이고 발푸르기스의 밤이다. 철학, 과학, 정치, 경제, 산업과 기술 분야의 급격한 변화와 그로 인한 위기의식을 담아내기 위해서 당시의 예술은 바다를 본격적으로 바라보기 시작했다. 항해는 바다 표면에서뿐만 아니라 사람들의 내면에서도 활발하게 진행되었다. 그레트헨으로는 부족해서 헬레나를 불러내야 했던 이유이다. 고전적 발푸르기스는 바다의 여신들을 불러내는 제의였다. 호머의 『일리아스』와 『오뒷세이아』가, 그리고 그리스 비극작가들이 왜곡해버렸던 여신들을 괴테는 파우스트를 통해서 살려내려고 했다는 다소 무모해 보이는 주장을 하려 한다. 그 과정에서 자연스럽게 괴테의 바다가 펼쳐질 것이라고 기대할 만하지 않을까 싶다.

광대한 바다는 「천상의 서곡」에서부터 등장한다. 무시무시한 밤과 광란의 바다가 있어 천상이 가능한 것이다. 욕망의 바다 한가운데도 길은 있다는 뜻이다. 캄캄한 바다에서 노를 젓는 것은 하늘을 나는 것과는 달라서 헤맬 수밖에 없지만 말이다. 그래서 뒤이어 「밤」이 나선다. 뭇 생명이 탄생과 죽음을 거듭하는 곳은 밤의 바다에서다. 지령(the Earth Spirit)이 존재의 직물을 짜는 곳이 영원한 바다였다. 파우스트가 자유로운 힘을 얻을 수 있다고 믿었던 곳은 바다라는 자연이었다. 천 권의 책을 읽었던 그가 망망대해로 떠내려가기를 꿈꾸었던 이유이다. 새로운 날, 부활은 밤의 바다, 미혹의 바다에서 이루어질 수 있을 뿐이다. 빛은 암흑의 소산이고 암흑의 어머니는 바다이기 때문이다.

파우스트는 비좁은 고딕식 방에서 부활절 종소리를 듣고 독액이 든 술잔을 내려놓지만, 산책 중에 만난 삽살개(메피스토펠레스)를 서재로 데리고 들어온다. 악마와의 계약은 거기서 맺어진다. 지옥에도 법이 있기에 가능한 일이다. 메피스토펠레스가 파우스트를 처음 데려가는 곳은 지하 술집이다. 마녀의 부엌에서 마녀는 가마솥에서 번진 불꽃을 헤치고 굴뚝으로부터 나타난다. 파우스트는 늙은 마녀가 지어준 탕약을 삼키고 나서 세상의 모든 여자 속에 감추어진 헬레네(여성성)를 볼 수 있을 것이라는 예언을 얻어낸다. 대신 마녀는 메피스토펠레스로부터 발푸르기스의 밤을 약속받는다. 메피스토펠레스는 파우스트를 여신들의 바다로 인도하는 주도동기(Leitmotiv), 악마이다.

여기서 그레트헨이 젊어진 파우스트를 스치듯 마주치고 나서 조그만 방으로 돌아와서 설레는 마음으로 부르는 노래를 불러오자. 그녀가 옷을 벗으며 부르는 노래는 뜻밖에도 툴레 왕의 노래다. 연인이 죽으면서 남긴 황금 술잔을 항상 옆에 두고 아끼다가 툴레의 왕 자신이 죽어가면서 일렁이는 바다로 던진다. 그리고 술잔이 떨어지는 모습을, 기울여진 술잔이 바닷물을 마시는 것을, 깊은 바닷속으로 가라앉는 것을 지켜본다. 그때 그레트헨은 자신이 천상으로 들어 올려지지 않고, 바닷속으로 내려갈 것이라고 예감했을 것이다. 그레트헨이 감옥에서 죽어가면서 부르는 노래는 노간주나무에 얽힌 구전동화에서 따온 것이라고 한다. 낙태되어 죽어가는 아이가 뼈를 모아주면 새가 되어 되살아나겠다는 원망(怨望, 願望, 遠望)의 노래다. 그레트헨이 자신의 아이를 물에 빠트려 죽였다는 사실을 기억하자. 그리고 그녀는 마지막에 자신의 목 깊숙한 곳에서 간신히 빠져나오는 습음(濕音)의 목소리로 하인리히를 부른다. 희생제의의 연속이다.

파우스트는 왜 그레트헨의 곤경을 외면하고 브로켄산으로 갔을까? 도망친 것은 아닐 것이다. 그렇다면, 왜, 괴테는 발푸르기스의 밤이 필요했을까? 그레트헨의 작은 오두막은 파우스트가 돌진해 들어가려고 했던 심연이 아니었을 수 있다. 그레트헨의 비극이 한창 진행 중일 때, 메피스토펠레스는 벌써 발푸르기스의 밤을 예비해두고 있었음에 주목하자. 아니 어쩌면 그레트헨이 파우스트를 발푸르기스의 밤으로 안내했는지도 모른다. 파우스트를 헬레네에게로 인도해 준 셈이다. 물에 빠져 떠올랐다 가라앉기를 무한반복하고 있는 아기를 살려내기 위해서 그레트헨은 파우스트에게 바다로 갈 것을 명령했다.

발푸르기스 축제는 밤의 여신들이 모이는 향연이다. 당연히 산의 정상이 아니라 산림이 우거진 계곡이 제격이다. 바위들이 코를 골고, 나무뿌리들이 꼬이듯이 얽혀 있고, 쥐들이 들락날락하는 음부의 세계다. 연분홍빛의 샘물이 솟구치고, 회오리바람이 몰아치고, 모든 사물이 무너져 내리는 소리를 지르는 곳이다. 초자연적인 힘들이 만물의 재생을 돕는 곳이다. 관능의 세계 저 아래 깊은 곳, 아래쪽에서 터져 나오는 목소리가 파우스트에게 여기에 "멈추어라! 멈추어라!"라고 외치고 있음에도, 파우스트는 저 위쪽으로 가려고만 한다. 파우스트의 관심은 생명의 부활보다는 더 근원적인 문제 생명의 탄생에 있었다. 그렇다면 더욱더, 넝마 한 조각이면 돛을 달 수 있고,

어떤 통이든 좋은 배가 될 수 있다면서 바다로 가야 한다고 마녀들은 노래한다. 그레트헨은 빨간 쥐새끼, 릴리트로 환생하여 메두사의 시선으로 파우스트를 꿰뚫는다. 죽은 여인의 눈으로부터 헤어날 수 없었던 파우스트가 바다 밑 수하(水下)세계로 가서 헬레네를 만나야 했던 이유다.

파우스트가 마녀들의 축제에 본 것은 수천 갈래로 쏟아져 내리는 물줄기가 일으키는 물보라에 언뜻 드리우는 형상이었다. 우리 삶의 실상이 딱 그렇다. 자신이 추구하는 생명은 물질 또는 정신 어느 하나로 이루어지는 것이 아니라, 물질과 정신이 결합한 존재임을 깨닫는다. 그러나 생명과 무생물의 사이에는 다리를 놓을 수 없는 심연이 존재한다고 토마스 만은『마의 산』에서 설파한다. 괴테는 물방울이 비치는 반사광 속에서 우리 인생을 들여다볼 수 있다는 사실을 강조한다. 호문쿨로스와 오이포리온은 그 심연을 메우기 위해 필요한 존재이다. 그래서 파우스트는 다시 바그너의 실험실로 돌아가는 퇴행을 감행한다.

2부 서두에 펼쳐지는 가장무도회에서 제일 먼저 등장하는 것은 우미의 세 여신(아글라이아, 헤게모네, 오이프로지네)이고, 이어서 운명의 세 여신(아트로포스, 클로토, 라케시스), 그리고 복수의 세 여신(알렉토, 메가이라, 티시포네)이 차례로 등장한다. 승리의 여신과 부귀의 신 플루토스(파우스트)가 나타나고, 흙의 요정 그놈(Gnome)들이 따라나선다. 불 뿜는 샘의 불길을 잡는 것은 역시 물이다. 그리고 파우스트는 황제를 바다 궁전으로 안내한다. 거기 바다에서 네레우스의 딸들 중 하나인 테티스가 황제를 맞는다. 바다 여신들의 총출동이다. 그리고 황제는 헬레네를 불러낼 것을 명령한다. 파우스트는 황제의 명령을 참칭하여 메피스토펠레스에게 헬레네를 데려올 방법을 묻는다.

파우스트가 헬레네를 찾기 위해 가야 하는 곳은 길이 없고, 누구도 가 본 적 없는 바다이다. 스스로 아름다워지기 위해 끊임없이 노력하는 자만을 받아들이는 곳이 바닷속 심연이다. 황량하고 적막한 망망대해보다 더 공허한 무 속에서 비로소 삼라만상의 어머니 헬레네를 만날 수 있다는 것이다. 삼발이 향로가 있는 깊고 깊은 바다 바닥으로 내려가야 한다. 생명을 낳고, 또다시 낳기를 반복하는 영원한 탄생의 세계가 삼발이 향로, 바다, 심연이다. 파우스트를 따라 이 세상의 연극으로 되돌아오는 헬레네는 생명을 탄생시키는 바다 여신들 중의 여신이다. 이러한 헬레네의 속성을 제대로 알아보지 못한 채 헬레네의 허상에 이끌려 파우스트가 "멈추어라!"라고 외치면서 헬레나의 몸을 잡아채려고 하자, 폭발이 일어나면서 '헬레네의 납치' 연극은 끝난다.

마녀의 부엌, 숲과 동굴, 그레트헨의 방, 브로켄산의 계곡, 감옥을 거쳐 다시 자신이 쓰던 고딕식 방으로 파우스트는 의식을 잃은 채 돌아온다. 바그너의 실험실에서 막 태어난 호문쿨루스는 파우스트를 회복시키기 위해 고전적 발푸르기스의 바다로 인도한다. 그들이 향하는 곳은 페네이오스 강이 흘러드는 습기찬 만이다. 테살리아의 마녀 에레히토가 먼저 등장하여 그리스 신화 속 여신들의 세계가 펼쳐진다고 예언하고, 파우스트도 깨어난다. 세이렌들이 비극의 합창단으로 등장하고, 스핑크스는 파우스트에게 케이론을 찾아가라고 한다. 헬레네를 등에 태운 적이 있던 케이론은 파우스트를 의술의 신 아스클레피오스의 딸 만토에게 데려다 준다. 불가능한 것을 갈망하는 자를 사랑하는 만토는 페르세포네에게로 내려가는 어두운 길을 알려준다. 세이렌들은 오뒷세우스가 자신들의 노래를 들으려고 했던 것이 아니라 오히려 자신들에게 그가 많은 이야기를 들려주었다고 주장한다. 뭍에는 불안과 불행이 만연하지만, 바다에는 자유로이 출렁이는 삶이 있다고 노래한다. 포세이돈은 자신이 뒤흔들어서 세상이 아름다운 것이라고 선언한다. 포세이돈은 우리들에게 바다의 심연으로부터 밀치고 올라와 새로운 삶을 살 것을 외친다.

한편 호문쿨루스는 자신이 육체를 얻어 완전한 형태로 태어날 곳으로 바다를 선택한다. 탈레스가 권한 대로 바다 축제의 장으로 간다. 메피스토펠레스는 바다의 신 포르키스의 세 딸(에이오, 팜프레도, 데이노) 중에서 셋째로부터 모습을 빌려서 추녀로 변신하여 혼돈과 추의 미학을 보여준다. 호문쿨루스가 만난 바다의 노인, 네레우스는 또 다른 바다의 신 프로테우스(변신과 예언의 해신으로, 메넬라오스가 고향으로 돌아가는 데 도움을 준 적이 있다)를 만나라고 조언한다. 네레우스의 딸들과 크리톤들은 바다의 축제를 열기 위해 그리스 시대 이전부터 사모트라케 섬에서 항해자들의 수호신으로 모셨던, 카베이로스들을 모셔온다. 프로테우스는 파도가 생명을 키운다면서, 바다의 축제가 열리는 가운데 프로테우스-돌고래로 변신하여 호문쿨루스를 자신의 등에 태워 영원한 바다를 신부로 맺어주려고 바다를 항해한다. 조개 수레를 타고 오고 있는 갈라테이아를 호위하는 것은 비둘기다. 아마도 그 비둘기는 그레트헨이 환생한 새일 것이다. 호문쿨로스와 갈라테이아가 결합하면서 물과 불은 뜨겁게 교합한다. 달빛은 파도 소리로 스미고, 성스러운 물-불길이 일고, 파도는 부서지면서, 아름다운 생명이 태어난다. 생명이 탄생하는 곳은 비밀에 가득 찬 동굴, 바다 그 자체다. 생명이 탄생하는 순간, 4대 원소가 온 바다가 들끓어 넘치도록 황홀한 춤을 춘다. 생명의 바다에서라야 하늘의 빛이 음악으로 울릴 수 있다. 헬레네는 이렇게 바다에서 탄생한다.

고전적 발푸르기스의 밤에 파우스트는 어디에 있었을까? 그때 파우스트는 메피스토펠레스와 헤어져서 그림자의 세계인 페르세포네의 바다 밑 지하세계로 내려가서 헬레네를 데려오고 있었다. 거기 바다 깊은 곳에서 이미 파우스트와 헬레네는 오이포리온을 잉태시켰을 것이다. 에로스는 어두운 곳에서, 바다에서 더 활동적이지 않던가! 4대 원소가 육체의 옷을 입는다.『파우스트』2부 3막은 헬레네를 복권하는 서사시이다. 우선, 포르키스의 딸들 가운데 하나로 변장한 메피스토펠레스가 헬레네의 과거를 복기시키자, 헬레네는 어느 게 진짜 나인지 자신도 모르겠다고 말한다. 그리고 해적의 왕 메넬라오스가 헬레네를 희생제물로 바치려 한다고 속여 파우스트가 있는 중세의 성채로 데려간다. 거기서 파우스트와 헬레네는 몸이 출렁거리도록 공개적으로 결합한다. 헬레네가 파우스트의 몸속으로 섞여들면서 새롭게 태어나고 있다고 고백한 장소는 사방이 파도로 출렁이는 곳이었다. 두 사람이 신혼을 보내는 암벽의 동굴에서, 북방의 아가페와 남방의 에로스가 결합하여 창출해낸 아름다움, 완전한 화음의 음악, 시인 오이포리온이 탄생한다. 오이포리온은 이카루스처럼 태양까지 날아가는 자유를 추구하다가 일렁이고 우르릉거리는 파도 소리를 들으면서 양친의 발 앞에 떨어져 죽고 만다. 파우스트가 행복에 겨운 나머지 "다시 변해서는 안 된다"고 말하는 순간 세 사람이 이룩한 세계는 파괴되고 만다. 헬레네는 마직막으로 파우스트를 포옹하고 나서 옷과 면사포를 남기고 페르세포네의 지하세계로 돌아간다. 하지만, 헬레네는 혼을 가진 여인, 육을 가진 여신이었으니, 함께 하는 동안 파우스트가 간직하고 있던 '엔텔레케이아(발전과 완성을 성취하려는 유기체 내부의 힘)'를 북돋아 키워냈다.

다시 독일로 돌아온 파우스트는 헬레나와 바다의 여신들로부터 얻어낸 힘을 이용하여 영웅적인 일을 시작하려고 한다. 그의 눈길은 자기 안에서 절로 솟구쳤다가, 부서져 내리면서, 해안을 덮치기를 무한 반복하는 바다로 향한다. 바다는 들끓어 오르고, 부풀어 오르고, 사방으로 퍼져간다. 바다가 펼치는 유희, 이익을 추구하지 않는 무목적 자유 정신을 파우스트는 닮고자 한다. 아니 넘어서려고 한다. 간척 사업은 뭍사람을 바다로 이끌어 내리려는 노력이자, 파도를 원래의 자리인 깊은 바다로 돌려보내려는 중단 없는 노력일 뿐이다. 우리 삶의 애씀이 꼭 위쪽을 향해야만 할 이유는 없다. 바다에서는 모든 노력이 올라가고, 내려가고, 퍼져가는 방향이다. 매인 데 없는 형상들의 세계가 무애의 바다이다. 메피스토펠레스조차 끝내, 자유로운 바다는 정신도 자유롭게 하는 법이라고 인정한다. 언제나 변신하려는 자유를 갈구하며 끝까지 함께 노력하는 자, 모든 생명력을 최고의 상태로 이어가는 자, 바로 바다가 아닌가!

『파우스트』는 『오뒷세이아』의 다시 쓰기 또는 고쳐쓰기이다. 괴테는 키르케, 세이렌, 스퀼라, 카륍디스, 칼륍소, 메데이아 등 지중해 여신들을 원형의 상태로 복원한다. 세이렌은 뱃사람들을 유혹하여 죽여버리는 악녀들이 아니라, 신화적 바다 세계의 화해와 평화를 노래하는 여신으로 되살려낸다. 세이렌은 우리를 바다의 명랑한 축제, 고전적 발푸르기스의 밤-바다로 안내한다. 한편, 발푸르기스의 밤의 축제는 디아나, 페르히타, 홀다, 아분디아, 아분단티아, 마트레스, 에포나, 아르티오, 키벨레, 아르티오, 리켈라, 에로디에데, 아르테미스 등 고대의 위대한 어머니-여신들을 되살아내려는 민중의 축제였다. 발부르가가 성인으로 공포되었음을 축하하는 기독교 기념일이 아니라, 노동절 전야가 아니라, 봄의 기운이 다시 뻗쳐오고 있음을 함께 즐기는 사육제다. 북구의 마녀들, 대모신, 바다의 여신, 여사제, 여샤먼들의 모델로 헬레네를 살려내려는 괴테의 노력이다. 지금까지 우리에게 알려진 헬레네의 이야기들은 이야기에 이야기가 보태진 황당한 소설이라고 헬레네 스스로가 항변하도록 발언권을 준다. 헬레네도 자신이 그리스인들이 인고의 세월을 견뎌내기 위해 선택한 희생물이었다고 생각한다. 여기서 우리가 앞에서 보았던 삼발이 향로와 가마솥이 등장하는 것에 주목해야 한다. 북구의 발푸르기스의 밤이나 고전적 발푸르기스의 밤도 모두 희생제의였으며, 거기서 동물들과 이방인, 약자, 선원들이 제물로 바쳐졌지만, 그레트헨, 갈라테이아, 헬레네, 호문쿨루스, 오이포리온, 그리고 파우스트 자신이 인신공희의 희생제물이었던 것이다. 메피스토펠레스는 오히려 발푸르기스 밤의 축제를 주관하는 제사장 디오니소스였던 것이다. 단순히 생명의 재생을 기원하는 것이 아니라, 생명의 근원적인 탄생을 몸소 확인함으로써 온 인류가 연대하여 생명의 자유를 구가

하도록 하겠다는 괴테의 의지가 바로 "멈추어라, 너 정말 아름답구나!"라는 외침이다. 괴테는 그 가능성을 바다, 여신, 영원히 여성적인 것에서 찾았다. 바다는 자기희생의 극한이다. 그래서, 파우스트는 구원이 아니라 희생을 위해서 바다로 갔다!

아프로디테는 바다에서 걸어나온다. 나왔다가 아니라 지금, 이 순간 바다에서 스스로 태어난다. 그녀의 육화된 존재인 헬레네의 탄생은 일회성의 사건이 아니라, 바다에서는 영원회귀의 사태다. 바다에서는 도처가 동굴이고 무덤이다. 벨탄 축제는 성 부활절로 지워버릴 수 있는 성질의 것이 아니다. 괴테 같은 시인이 대를 이어 태어날 것이다. 파괴하는 힘, 메피스토펠레스는 여전히 시인들을 미혹의 바다로 데려갈 것이기 때문이다. 바다는 끝없이 몰락할 수 있는 장소이다. 바다 여신들의 변신은 남신들처럼 단순번식에 집착하지 않고, 오히려 한 형태로 고착되지 않으면서 널리 생명을 발현시키겠다는 의지의 표현이다. 영원히 노력하는 방향은 꼭 상향이라야만 하는 것은 아니다. 한계를 밀어붙이려는 끊임없는 노력 그 자체가 바로 바다의 속성이다. 방황을 수반할 수밖에 없는 그런 노력을 감내하고 포용할 힘의 원천은 여성성이다. 여신들이 왜 하늘로 올라가야 하는가? 하늘로 올라가는 것은 남신들만으로도 충분하다. 아름다운 것은 바다다. 여신들은 평등의 바다로 항해할 뿐이다. 노력하는 영혼들을 배에 실어 밤새 노를 저어 바다로 데려간다. 인간의 구원은 수직이 아니라 수평이라야 한다.

어둠이 더 원초적이다. 인간이 바다에서 탄생했다는 사실은 하늘보다는 바다가 더 감각적이고, 인간적이라는 뜻이다. 관념은 하늘에서 살 수 있겠지만, 그래도 살이 제대로 숨 쉴 수 있는 곳은 바다다. 아폴론은 산으로 가지만, 디오니소스는 바다가 제격이다. 파우스트는 파도가 못 들어오도록 방파제를 막았다고 자만하지만, 메피스토펠레스는 그의 간척지를, 아니 파우스트를 넵튠이 다시 바다로 되돌려놓을 것이라고 예언한다. 토마스 만의 소설『파우스트 박사』의 주인공 레버퀸이 작곡한 칸타타 〈파우스트 박사의 비탄〉이 표현하고자 했던 계시가 이것이다. 여성의 원시적인 악마성을 무조(無調) 음악으로 되살려내겠다는 결의다. 바다의 불협화음과 거친 리듬의 폭력적 평등과 자유의 혼돈을 실현하겠다는 의지다. 그래서 바다는 비극이다.

마녀의 부엌에 있던 가마솥(cauldron)은 페르스포네가 지배하는 지하세계에 있는 삼발이 향로(tripod)이다. 여신의 자궁이다. 거기에서 생명을 끓여내고 있는 것이 바로 바다다. 바다에서는 연금술이 실제 작동한다. 태양은 흰색을 참을 수 없지만, 바다는 흰색을 담아낸다. 바다에서는 모든 존재와 사건들이 팽창하다가 어느 순간 홀연히 부서져 바다로 흩어져버린다. 바다는 여성이다. 바다는 생명을 수습하는 곳이다. 탄생과 죽음이 동시에 일어나는 곳이다. 거대한 축제이다. 달밤에 춤추는 파도들의 무덤이다. 우주의 어둠이다. 천사들이 장미를 뿌릴 곳은 바다다. 바다는 영원히 여성적인 힘이다.

2부

J.M.W.Turner
The Shipwreck(1805)

셰익스피어의 바다는 폭풍이 지배한다

> Full fathom five thy father lies,
> Of his bones are coral made;
> — Shakespeare, 『The Tempest』에서

폭풍으로 시작한다. 전면적이다. 셰익스피어의 바다 이야기다. 바다의 폭풍이 셰익스피어의 세계를 지배한다. 셰익스피어의 바다는 항상 진행형이다. 올림퍼스 산정 위까지 솟구쳤다가 바다 같은 계곡으로 곤두박질치기를 반복한다. 격랑의 바다에서는 표류와 난파가 일상사다. 폭풍 속에서 산산조각이 나는 것은 사람의 심장이다. 4대 비극은 바로 그 격랑을 노래하고, 『템페스트』는 그 결말을 이야기한다. 삶과 죽음의 경계면에서의 격정이 어떻게 변주되는가를 살펴보는 것이 셰익스피어를 바르게 읽어내는 방법이 될 수 있을 것이다.

셰익스피어의 로맨스극에서 주인공들은 타의 또는 운명에 의해

서 바다를 떠돈다. 바다라는 시공간을 배경으로 이별과 재회를 반복하면서 자신의 정체성을 회복해간다. 4대 비극의 주인공들은 바다 폭풍을 통과하면서 정체성의 위기를 겪는다. 광기에 이르는 발단과 경로가 서로 다르기도 하지만, 바다를 바라보는 관점, 바다와의 상대적인 위치, 바다를 체험하는 방식에 따라 존재 변이의 양상이 달라진다.

『오셀로』 2막은 싸이프러스의 포말이 이는 해안에서 폭풍의 바다를 바라보는 것으로 시작한다. 굳어 있는 땅에 발을 붙이고 서서 바라보는 바다는 원근법으로 표현된 풍경화일 뿐이다. 그래서 진짜 바다의 속내를 알아내는 것은 소문에 의존할 수밖에 없다. 바다에서는 심지가 올곧은 장수였던 오셀로는 오히려 뭍에 올라서 의심으로 표류하다 불안의 괴로움으로 무너진다. 사랑의 여신, 비너스를 포태했던 바다의 포말은 뭍에 올라와서는 터질 수밖에 없다. 평판에 의존할 수밖에 없는 육지에서는 결코 폭풍 후에 오는 고요를 기대할 수 없다. 더구나 이방인이어서 데스데모나와 합체할 수 없었던 그는 올림퍼스의 여신으로 옹립된 그녀를 목졸라 죽일 수밖에 없었을 것이다. 폭풍 속에서의 난파를 구경하는 육지의 방관자들이야말로 표류하는 군상들이다.

『리어왕』에서 무섭게 내려다보이는 절벽에서 뛰어내리려 하는 아버지, 글로스터를 구하려고 애쓰는 에드거는 그냥 넓은 바다가 아니고 저 가파른 벼랑 위에서 바다를 들여다본다. 수직으로 보는 방식은 현기증을 일으킨다. 눈의 광란으로 인한 고통 때문에 모든 감각이 혼란스러워진다. 그리고 저 아래 세상은 모든 게 작아져서 삶이 하찮게 보이지만, 거리감의 상실로 인하여 사랑의 바다가 폭풍을 일으킨다. 범인(凡人이어서 犯人이 된)들은 광기의 바닷속으로 뛰어들지 못하고 땅 위를 유랑한다. 삶의 무게를 재보려고 항해에 나섰다가 방향 감각을 잃고 허울만으로 떠돌아다니던 리어왕은 소용돌이에 빠지고 만다. 죽어가면서 저고리 단추를 풀어달라고 한다. 무의식과 의식의 접이지대로 차마 뛰어들지 못해서, 결국 제대로 익사하지 못했다는 말이다. 코딜리어는 땅덩어리처럼 죽어서는 안 되는 바다-여신이었다.

『햄릿』은 배에 태워진다. 뱃사람으로서의 항해는 아니라는 한계가 있지만, 바다 위를 경험한다. 클로디어스 왕은 바다가 햄릿의 우울증을 치료할 수 있을 거라고 말하는데, 정작 햄릿은 유랑극단 배우들에게 격정의 급류, 폭풍, 소용돌이 한가운데서 절제를 습득하고 표출할 것을 요구한다. 혼란 속에서 햄릿은 배에 태워져서 바다로 간다. 거기서 해적을 만나고, 해적들이었던 종족의 기억을 되살리고, 뱃사람의 옷(sea-gown)을 걸치면서부터 햄릿은 행동하는 주체로 변화한다. 해적으로서의 자신의 정체성을 확인한다. 하지만 햄릿의 바다 항해는 불완전하게 끝난 것이었기에, 그의 행동의 결과도 청교도적인 회의의 삶으로 마감하게 된다.

『맥베스』는 피의 밤-바닷속에 직입하여 사투를 벌이는 이야기다. 세 마녀는 폭풍 속에서 멕베스를 만나서 자신의 운명을 스스로 개척하라고 부추긴다. 그러면서도 바람을 일으켜서 항구로 들어서지 못하게 하겠다고 선언한다. 마녀들은 남자들의 전쟁에 의해서 수립된 질서가 허망한 것임을 폭로한다. 맥베스는 마녀들의 저주를 신의 예정조화로 곡해하고 폭풍우 속을 뚫고 나가려다가 검붉은 바다의 심연에서 파멸한다. 목적지가 어디인지 모르면서도 항해해야 하는 자들의 처절함이 온 바다를 빨갛게 물들인다. 파괴가 자신을 스스로 파괴하는 것이 바다의 속성, 폭풍인 것이다. 맥베스는 아무런 의미를 담을 수 없는 소리와 분노로 가득 찬 폭풍 속을 헤엄치다 피의 바다에 익사하는 것이 우리의 삶이라고 역설한다. 바다의 마녀는 난파당해 죽은 항해사의 엄지손가락을 선취하고 있었다.

『템페스트』는 폭풍을 일으키는 바다 자체의 이야기다. 표류의 고통과 인내와 절제를 통해 재회하고 재생하는 모럴을 보여주었던 셰익스피어의 희극과 로맨스극에서 바다는 주로 작품의 배경으로 등장하지만,『템페스트』에서는 극 전체를 지배하는 역설과 모순을 상징하는 기제로 작동한다. 프로스페로가 경영하는 섬-무대는 유동하는 바다 그 자체다. 4대 비극에서는 주인공들이 어두운 바다를 단독으로 건너야 했다면, 프로스페로는 화해와 유대의 바다를 만들어 가려고 한다. 비록 방법론의 한계 때문에 실패하고 말았지만…

에메 세제르의 『A Tempest』는 셰익스피어의 『The Tempest』와 어떻게 다른가? 세제르의 바다는 고정불변의 객체가 아니다. 항상 유동하고 변화하는 잠재력 자체이다. 바다의 폭풍은 이분하거나 차별하지 않는다. 왕과 부하들과 선원들을 모두 평등하게 만든다. 세습으로 지위가 만들어지는 것이 아니라, 오로지 능력에 의해서 자기 자리를 차지한다. 너무 평등해서 질서를 뒤집어 놓는다. 이름 지을 수 없는 힘이다. 그래서 바다는 X라고 불러야 대답한다.

바다에서는 두 종류의 폭풍이 분다. 프로스페로가 일으키는 폭풍은 연금술이라고 강변하지만, 마술이 일으키던 환상일 뿐이다. 그래서 폭풍우를 겪은 사람들은 옷이 젖지 않은 채 단순 변신할 뿐이다. 기껏해야 표정만 바뀌는 둔갑을 할 뿐이다. 프로스페로 마술의 한계다. 외부로부터 강제하는 술수이다. 프로스페로의 섬 경영은 여전히 식민주의자의 방식이었다. 죄지은 자들이 회개하지 않는데도 프로스페로는 일방적으로 용서를 선언한다. 심지어 섬의 원주민들은 죄를 지은 적이 없는데 용서를 받아야 한다고 강변한다. 이러한 기계적인 용서로는 진정한 화해가 불가능하다. 유럽 식민제국주의자들보다 탄압당한 식민지인들이 도덕적인 우위에 있다. 따라서 프로스페로의 화해 선언은 기망이다. 에메 세제르의 폭풍은 그 자체가 지배자다. 갑판장은 폭풍 폐하라고 부른다. 무자비하지만 공평한 힘이다. 내부로부터의 전복의 힘이다. 내부의 모순이 들끓어서 쟁취하는 자유다. 인간의 존재 변이가 이루어지게 하는 진정한 폭력이다. 폭풍 속에 유배되는 유형도 다르다. 프로스페로는 육지에서 낳은 딸을 데리고 자신이 찾아냈던 땅을 차지하려고 배에 타지만, 시코락스는 캘리번을 임신한 채로 쫓겨나듯이 배에 태워진다. 프로스페로의 유배는 문명을 이식하는 식민 행위의 일환이었지만, 시코락스는 노예로 잡혀 마녀가 되어주어야 하는 고난의 장정이었다. 프로스페로가 약속하는 화해는 폭풍을 죽이는 일이지만, 캘리번의 자각은 폭풍을 일으키는 일이다.

캘리번의 형상은 프로스페로에 의해서 흙덩어리, 괴상한 짐승으로 묘사된다. "악마가 사악한 어미에게 낳게 한 놈"으로 규정된다. 유럽인이 마구 부려야 하는 야만인이어야만 했다. 식민주의의 발톱을 감추기 위해서 원주민은 식인종(cannibal)이 되어주어야 했다. 88세의 노년에 『템페스트』에 들어갈 50점의 석판화를 그리면서 샤갈은 캘리번을 인간과 동물이 일체가 된 모습으로 표현한다. 앞모습은 인간이지만, 뒷모습은 위쪽은 새, 아래쪽은 물고기로 그려냈다. 헤엄치고 날려는 의지를 가진 존재로 포착한다. 캘리번은 어머니 대지와 바다를 연결하는 매개의 힘이다. 그래서 어둠 속에 움직인다. 프로스페로가 섬에서 가장 먼저 하는 지배행위는 어머니 여신, 시코락스를 제거하는 일이었다. 시코락스(sycorax)는 암퇘지(sus-sow)와 까마귀(korax-raven)의 합체다. 메데이아는 스키타이 왕국의 까마귀(Scythian raven)로 알려졌고, 메데이아의 고모, 키르케(Circe)는 오뒷세우스의 부하들을 마법으로 돼지로 만든다. 그녀들은 가부장제를 인정하지 않는다. 미랜다처럼 정절에 목메지 않는다. 프로스페로는 여성성 자체를 부정해버린다. 미랜다에게서 어머니를 아예 지워버린다. 곡물의 여신 케레스가 등장하는 무언극을 중단시켜버린다. 그렇게 아버지의 훈육으로만 자란 미랜다가 난파당하는 사람들의 고통에 동참할 수는 있다는 것은 허위다. 미랜다는 여신이 아니다. 신의 섭리로 퍼디넌드의 것이 될 처녀일 뿐이다. 미랜다가 극의 마지막 부분에서 정말 아름답다고 했던 인간들은 남자들만을 지칭했다. 남자들로만 이루어진 세계를 여성이 멋지다고 찬송한 것이다. 『멋진 신세계』에서 올더스 헉슬리가 존에게 미래의 디스토피아를 반어적으로 훌륭하다고 말하게 한 이유일 것이다.

물에 옷이 젖은 채 뭍으로 오른 퍼디난드에게 '바닷속에서의 변화(sea-change)'를 노래 불러주는 것은 뜻밖에도 에이리얼이었다. 프로스페로가 정령에게 주문한 음악을 따라나서 낯선 땅을 밟아가다가 미랜다를 만나게 된다. 때 묻은 인간들이 침례를 받았다는 사실만으로, 선남선녀가 만났다는 것만으로, 폭풍이 잔잔한 바다가 되지 않는다. 주체적인 만남이 아니어서 뼛속까지 변화할 수 없는 노릇이었다. 이성이 지배하는 육지에서의 일이 그렇다. 반면에 물속에서는 난파한 사람의 뼈가 녹아서 산호가 된다. 사람의 눈은 진주가 된다. 최초의 원소 상태로 돌아가야 가능한 일이다. 난파는 지금까지 친밀했던 세계와 결별하고, 믿어왔던 감각을 떨쳐내는 적극적 행위다. 모든 감각의 규범을 철폐해야 한다. 그리고 난 후에, 난파에서 몸을 일으키기 위해서는 우선 감각기관을 재활성화시켜야 한다. 바다에서의 상상력은 기성의 것들을 철저히 해체한 후에 다시 생성된 물질들을 재구성하는 일이다. 프로스페로의 마술은 과학으로 위장한 연금술 단계이지만, 시코락스의 마법은 세테보스와 메데이아의 그것이어서 강력하다. 신생이 가능한 전폭적인 해체이다. 바다에서 자유롭게 떠돌아다닐 수 있는 것은 기표들뿐이다. 기의를 고정시키려는 것은 무망한 일이다. 바다에서 로고스의 언어는 설 자리가 없다. 바다에서는 색깔, 소리, 향기, 맛과 촉감들이 서로를 불러서 춤춘다. 그래서야만 근본적인 변화(sea-change)가 가능해진다. 이것이 바로 캘리번이, 셰익스피어가 갈망하던 자유일 것이다.

에메 세제르의 『어떤 태풍』은 네그리튀드(negritude) 문학이자 미그리튀드(migritude) 문학이라고 할 수 있을 것이다. 흑인의 정체성을 뜻하는 네그리튀드는 곧 검은 바다의 속성이다. 미그리튀드는 끊임없는 공간 이동을 전제한다. 검은 바다는 경계가 그어지지 않는다. 유동적이어서 항상 중심에서 비켜난다. 바다는 이주가 이루어지는 시공간이다. 이주민은 중심에서 밀려난 자들이고, 탈중심의 삶을 살 수밖에 없다. 땅을 빼앗기고 쫓겨난 자들은 끊임없는 유랑으로 인한 정체성의 혼돈을 겪을 수밖에 없다. 모국어로 자신을 표현할 수 없는 주변인들은 갈등과 소외를 온몸으로 느낄 수밖에 없다. 이들이 주체가 되는 세상이라야 비로소 아름다운 세상이라고 노래할 수 있을 것이다. 셰익스피어의 『템페스트』를 다시 쓰고, 고쳐 써야만 하는 이유다.

식민지의 원주민 여성은 가부장제와 식민주의라는 두 개의 위계 체계를 이중의 타자로서 감당해야 한다. 캘리번은 여러 가지 방법으로 혁명을 시도하지만 실패할 수밖에 없었다. 외부 세력에 의존하느라고 억압받는 자들끼리의 동맹에 소홀했기 때문이다. 식민주의의 발원지였던 자본주의가 발호하면서 여성들이 연대의 힘을 빼앗긴 게 치명적이었다. 인류를 보듬고 재생산해냈던 근원적인 힘으로서의 여신들이 악마화되었다. 셰익스피어는 그의 극을 통해서 그러한 여성을 더욱 예속화했을 뿐이다. 『템페스트』는 캘리반이 아닌, 에이리얼도 아닌, 전혀 다른 힘의 주체인 원주민 여성의 관점에서 다시 쓰여야 한다. 용서라는 것은 여성만이 할 수 있는 것이다. 바다의 평등은 그런 것이다.

셰익스피어가 4대 비극을 통해서 그려내고자 했던 폭풍은 비극적 갈등과 그로 인한 광기였을지 모른다. 휘몰아치는 격랑이 제격이었을 것이다. 『템페스트』에서 폭풍을 겪고 난 백인들은 평온과 고요의 천상 음악으로 인도되어 구원된다. 정령으로서의 에어리얼이 프로스페로의 꼭두각시 노릇을 한다. 반성과 참회가 상에 오르고 용서가 은혜처럼 내려오고, 귀향과 재결합, 그리고 신생을 이야기한다. 새로운 생명을 탄생시키는 매개체로는 흰 비너스, 미랜다를 내세운다. 그리고 페레스페로는 미랜다에게 정절을 강제한다. 그래서야 생명을 탄생시킬 수 있는 모태가 될 수 없는 노릇이다. 자가당착이다. 난파되어 바다에 빠졌음에도 백인들은 옷이 젖지 않는다. 옷이 젖지 않았다는 것은 변화를 하지 못했다는 자백이다. 프로스페로의 마술로는 신생이 불가능함을 자인한 셈이다. 캘리번을 전면에 내세우는 에메 세제르도 한계가 있다. 또 다른 메데아인 시코락스가 변화와 신생을 주도했어야 한다. 캘리번이 자유로워지는 일은 프로스페로의 속박에서 벗어나는 것만으로는 이루어지지 않는다. 변화를 가져오는 폭풍은 자궁에서라야 가능한 일이기에, 폭풍우가 몰아치는 바다는 검은 여성성의 바다일 수밖에 없다. 『템페스트』는 노여움과 인내의 시간인, 폭풍의 담금질 과정을 통해 저 바닷속으로부터 변화하는 삶을 증거해야 한다. 성서가 무질서와 암흑의 세계라고 부정했던 구약의 바다를 예수가 어부들을 제자로 불러세웠던 신약의 바다로 복권시키는 기획이어야 한다.

프로스페로의 용서와 화해는 『모비 딕』의 에이허브가 바다의 심연에 밧줄을 매는 것 같은 능동적인 행위가 아니다. 존 쿳시의 『포』에서의 프라이데이처럼 저 깊은 바닷속으로 들어가서 난파선과 함께 누워있는 노예들에게 애도하는 행위가 아니다. 프로스페로는 먼저 바다에서 죽어가면서 변화하는 자들이 뿜어내는 폭풍에 온몸을 내맡겼어야 한다. 스스로의 몸을 바다에 내어주었어야 한다.

흔히들 셰익스피어가 자신의 마지막 작품(swan song)인 『템페스트』에서 열린 결말을 제시함으로써 그동안의 작품활동 전체를 갈무리한다고 하지만, 절필의 변에 가깝다. 자신이 다스리던 섬이 유토피아가 아니었음을 자인하고, 마술책을 바다에 버릴 수밖에 없었던 회한을 드러낸 것뿐이다. 근대인의 자연 지배, 유럽인의 야만인 지배를 두둔함으로써, 스스로는 변화하지 못했음을 자백한다. 마지막 작품에서 셰익스피어의 언어의 연금술이 실패한 것은 자신을 대변하는 화자로 프로스페로로 내세웠기 때문이다. 영국 시인 오든(1907~73)은 셰익스피어의 "『템페스트』에 대한 논평"이라는 부제를 붙인 「바다와 거울」을 통해서 삶에 뿌리를 내리지 못한 프로스페로의 예술에 대해 비판한다. 그리고 프로스페로와 함께 밀라노로 돌아가는 배에 탄 다른 모든 인물에게 자신들의 삶에 관해 이야기할 수 있는 기회를 준다. 이제 우리는 셰익스피어를 극복하기 위해서라도 캘리번에게 정당한 발언권을 주어야 한다. 캘리번이라는 인물을 재구성해내야 한다. 캘리번의 모태인 시코락스를 되살려내야 한다. 이렇게 해야만 비로소 우리는 프로스페로를, 아니 셰익스피어를 놓아줄 수 있게 될 것이다.

콘라드, 구원의 항해에 나서다

> 그는 "우리들 중의 한 사람"이다.
> ― 조셉 콘라드, 『로드 짐』, 서문에서

쫓겨난 자들이여! 구원받으려면 먼저 바다로 가야 한다. 그리고 배를 타야 한다. 여행이나 모험을 하기 위해서가 아니라 낮고 깊은 곳으로 내려가야 하기 때문이다. 힘들게 배에 올랐으면 돌아갈 항구를 잊어야 한다. 배에게 항구는 영혼의 안식처가 될 수 없기에 항상 다시 떠나야 하는 곳이다. 배수진(背水陣)은 바다에서라야 제대로 작동한다. 그렇게 바다를 등지면 폭풍을 만나게 마련이다. 난파당하기 위해서는 폭풍을 불러와야 한다. 그리고 바다에 가면 담대해져야 한다. 선원 생활은 범선의 망루에서 시작해야 하기 때문이다.

당신이 타야 하는 배는 우주를 배회하는 행성처럼 유령선이다. 배는 땅에서 떨어져 나간 섬이면서도, 떠돌아 다녀야만 하는 운명이다. 배에 탄 선원은 주변인이자 이방인이다. 항성에 붙들려서 궤도를 그리면서 돌고 돈다. 외로움에 지쳐서 유성처럼 탈출을 시도해보려고 해도, 그건 포세이돈에게 소신공양(燒身供養)을 각오해야 하는 일이다. 바다에는 우리를 파멸로 인도하는 정령들이 가득하다. 파도는 자연의 맹목적 의지가 폭발하여 파편으로 흩어지는 포말이 그 실체다. 지상의 모든 것으로부터 소외된 자들은 바다로 갈 일이다. 배의 움직임에 몸을 실어 떠돌면서 흔들리다 보면 무자비한 바다를 온몸으로 느끼게 된다. 콘라드는 디아스포라로서 경계인의 삶을 살아가야 했기에, 기존 질서나 진보적인 낙관주의를 거부할 수 있었고, 안정된 장소에서가 아니라 바다라는 헤테로피아에서 새로운 삶의 가능성을 탐구할 수 있었다.

바다는 지루하고 단조롭다. 일출과 일몰의 숱한 반복이다. 그리고 알 수 없는 적의를 품고 있다. 바다에서 시간은 정지하거나 전도된다. 바다는 타자를 끌어안고 출렁이는 반투명이다. 무시간적인 현재를 사는 선원들은 이중 인간이다. 바다 자체가 이중적이다. 콘라드도 바다에서의 고립과 지루함과 고단한 노동을 증오했다고 한다. 목숨을 걸어야 하는 바다에서의 노동은 처절하다. 그래서 선원들은 바다가 거칠어지면 직무와 동료에게 헌신하다가도 바다가 잔잔해지면 수다스러워질 수밖에 없다. 이야기를 구름처럼 지어내고, 또 그 이야기를 노을빛으로 채색한다. 출처가 종잡을 수 없는 이야기가 부풀려져서 갑판을 떠다닌다. 배가 지나간 자국처럼 꼬리만 남긴 채 금

세 종적을 감춘다. 그것이 바다에 서식하는 포말의 정체다. 괴로움의 정수인 바다는 결코 포가 떠지지 않는다. 탈피할 수 없어서 포말은 자꾸 꺼지기만 한다. 그래서 바다에서 교환되는 말은 자꾸 끊어지면서 웅얼거린다. 콘라드는 그렇게 사라져가는 바다의 말들을 모아 바다의 서사 담론(narrative discourse)으로 탄생시킨다. 그에게 갑판(deck)과 책상(desk)는 동일한 작업대였던 셈이다. 모국어가 아닌 낯선 영어를 배우면서 글을 써야만 했던 콘라드는 바다에 빠져서 힘겹게 헤엄쳐야만 하는 조난자의 모습 그대로이다. 그의 글쓰기는 폭풍에 맞서 어둠 속에서 자신과 동료 선원들을 구조하는 고투였다. 바다를 들추어내어 스스로를 구원하는 적극적 구난행위였다.

변화의 현장인 바다에서는 고정된 이미지가 살아갈 수 없다. 거기를 항해하는 배는 떠다니는 공간이자, 이질적이고 혼성적으로 구성된 선원들이 영위해가는 시공간이기에 유토피아가 아니라 헤테로토피아일 수밖에 없다. 선원들은 유토피아를 꿈꾸지 않았기에 육지에서 추방되어 거기에 격리 수용된 광인들인 셈이다. 또 하나의 감옥인 배라는 공간은 환상이 작동하지 않으면서도, 인간의 욕망을 적나라하게 드러낸다. 모든 장소의 바깥에 있는, 항상 이의제기를 수행하는 반공간(反空間)이기에 육지 사람들이 결코 경원시할 수 없는 공간이다. 사물들이 다르게 배치되고, 통용되는 언어가 다르고, 완전히 다른 방식으로 작동되는 곳이라서 육지의 규범이 적용되지 않는다. 그래서 끝없이 탈주를 시도하면서 타자를 만나려고 애쓴다. 거기에 거하면서도 내가 거기에 속하지 않기를 바라는 아이러니의 세계다. 지옥 같은 현실에서 벗어나려다 또 다시 다른 공간 속으로 갇혀버리게 되는 이야기는 비극일 수밖에 없다. 바다라는 거울에 비친 주체는 굴절되기 마련이어서 그것을 표현해내기 쉽지 않다. 바다라는 텍스트는 무수한 공저자들에 의해 저작된다.

헤테로토피아로서의 배에서 글쓰기는 항해일지를 기록하는 방식이 될 수도 있지만, 아무래도 독백체로 기울기 쉽다. 주변인으로써 변방에서 글을 써야 했던 콘라드는 생래적으로 중심의 우월성을 거부했다. 백인 중심주의와 결탁한 인간 중심주의를 벗어나고자 했다. 배는 평등이 지배하는 곳이다. 모두가 한몫을 해야 하고, 모두가 동등한 발언권을 갖게 된다. 명령과 권위로 이루어진 선장 언어를 해체한 후 갑판의 언어를 새롭게 구성해나가야 했다. 그가 선택한 방식은 훗날 바흐친이 말했던 대화적 상상력이었다. 분열된 주체는 자신의 분신 또는 타자와 언어적으로 관계를 유지해야 했고, 그 과정에서 다성성(polyphony)을 갖추게 되었을 것이다. 타인의 언어로 얽혀 있는 사유를 자신의 것처럼 표현하는 자유간접화법을 구사했다. 땅으로부터의 축출이 곧 구원이라는 설교에 설득당할 수 없었던 선원들은 이제 자신이 글 쓰는 주체가 되어 질문과 응답으로 열린 대화를 하는 가운데 새로운 연대의 가능성을 타진하면서 서로를 구원하기 위한 항해에 나선다.

　콘라드는 조국 폴란드를 버렸다는 마음의 빚으로부터 독립해보려고 배를 탔다고 한다. 그러한 죄의식은 콘라드를 내면세계의 고립으로 침잠하게 만든다. 배는 단절의 극한치이기에 그가 연극무대로 연출하기에 안성맞춤이다. 철저하게 경계인으로 살았던 콘라드는 제국주의의 모험담을 쓸 수 없었을 것이다. 그래서 그는 본격적인 해양소설을 쓰기 시작한다. 바다를 쓰기 위해 바다를 가슴에 품은 채 배를 떠났다. 구명정을 묶어 두었던 밧줄을 풀어야 구명정을 띄울 수 있는 이치다.

　당신이 배를 타야 하는 이유는 주변인이기 때문이다. 주류에서 밀려났거나 쫓겨난 것이다. 선원들이 배에 싣고 가는 화물은 회한과 미련이다. 육지에 익숙한 자가 바다를 동경할 리가 없다. 흔들림을 당해 본 사람이 바다를 찾는다. 그렇게 바다로 밀려온 사람은 폭풍을 맞닥뜨리기 마련이다. 그런 사람이라야 극한 상황에서 구원을 체험하게 된다. 콘라드의 작품 세계를 지배하는 주제가 바로 이 해상에서의 구난(rescue)인 이유이다. 그리고 그 구난은 대부분 실패하고 주인공은 좌절을 경험한다. 콘라드 자신도 1896년 집필을 시작했던 『구난자(The Rescuer)』가 말년에 이르러서야 『구난(The Rescue)』이란 제목으로 완성하게 된 연유일 것이다.

『로드 짐』은 실화를 바탕으로 한 소설이다. 1880년 8월 싱가포르에서 아라비아까지 가려는 800명의 이슬람 순례자를 실은 배가 침몰할 뻔했다가 구조되는 사건이 배경이다. 파투나호는 아라비아해에서 난파선 같은 부유물과 충돌했다. 아니 충돌했다고 생각되었다. 그래서 짐은 "뛰어내린 것 같아요"라고 말한다. 절체절명의 비상상황에서 인명구조를 훌륭하게 수행하는 영웅으로서의 자신을 꿈꾸어왔던 일등항해사 짐은 막상 그 순간이 되자 수많은 생명을 버리고 도망친다. 그렇지만 그의 무의식은 "절대로 도망가지 않았다"고 외친다. 아니 절대로 도망치지 않을 거라고 절규한다. "살려달라"고 부르짖는 소리가 들리지 않았음에도 들은 것으로 상상한다. 콘라드는 변명하는 자아와 그것을 책망하는 자아로의 분열사태를 이야기하려고 한 것이 아니라, 이 사건을 통해서 강제된 원인으로서의 의지인 중동태(active도 passive도 아닌 middle voice)의 사태를 말하려고 했는지 모른다. 자유의지라는 것은 인간을 죄인으로 몰아 책임을 물을 필요에서 신이 발명한 것인지도 모른다.

침몰하려는 배와 함께 그동안 애써 구축해왔던 낭만적인 자아가 균열을 일으킨다. 바다에 내동댕이쳐진 짐에게는 버리고 온 배가 가까이 떠 있었음에도 불빛은 사라지고 보이지 않았다. 그래서 돌아가지 않았다. 버려진(deserted) 사람이 구원을 갈망하는 다른 사람을 버리는 일은 엄중하다. 짐이 뛰어 내렸던 구명정은 수렁처럼 헤어나기 힘든 구멍이었다. 구명정에서는 바다와 하늘을 분간할 수 없게 된다. 목숨은 건졌지만, 나머지 세상은 절멸이었다. 구명정은 세상의 모든 부조리를 싣고 바다를 떠다닌다. 돌아가지 못해서 버리고 떠나는 방향은 항상 동쪽이었지만, 파트나호에서 구명정으로 뛰어내렸던 짐은 파투산에서 다시 한번 바다로 뛰어내려야 했다. 조난자만이 구난자가 될 수 있기 때문이다. 폭풍 뒤의 바다에서 노을은 항상 핏빛으로 낭자하다. 이 모든 것을 버리고 속죄를 거부하듯이 떠날 수 있어야 용서와 구원이 이루어진다. 속죄를 위한 상상력은 죄악이지만, 구원을 위한 상상력은 선하다. 그것은 운명을 스스로 결정할 힘을 주지는 않지만, 그 운명의 굴레를 느슨하게 만들 수는 있다. 바다에서 최소한 우리는 하늘에 빛이 존재한다는 질서를 꿈꾸지는 않는다. 익수자나 구원자나 모두 바닷속으로 뛰어내려야만 구난이란 행위가 가능해진다.

『청춘(Youth)』은 외형상으로 역경을 극복하는 젊음의 모험담으로 보이지만, 낡은 쥬데아(예수의 고향)호를 버림으로써 쇄락한 시대 정신을 벗어나 구원의 바다를 노 저어 가는 이야기다. 출항 직전 쥐떼들이 배를 떠난다. 배는 삐걱거리며 항해하다가, 인도양에서 화물로 실은 석탄에 불이 붙는다. 통풍구를 막아보지만, 연기는 계속 새어 나온다. 타는 불로부터 목숨을 구하기 위해 배 안에다 물을 퍼부어야 했고, 한편으로 침몰을 면하기 위해서 배 밖으로 물을 퍼내야 했다. 배 안으로 펌프질하고 동시에 배 밖으로 펌프질한 셈이다. 구조선에 예인되다가 폭발 위험이 임박하자 피예인선의 선장과 이등항해사인 말로는 예인색을 끊어버린다. 선원들은 구조선에 승선하는 것을 거부하고 침몰하는 배가 마술적인 빛을 뿜으며 바닷속으로 사라지는 최후를 지켜본 뒤 세 척의 구명정에 나누어 타고 목적지로 향한다. 청춘의 항해는 이렇게 내부의 발열로 스스로 불타다가 물에 의해 꺼져가는 얘기이다. 그럼에도 불구하고 구명정을 타고서라도 다시 출항하려는 의지가 곧 구난이다.

『태풍』에 나오는 맥훠 선장은 상상력이 결핍되어 우직스럽게 배를 지휘한다. 바다에서는 침착하고 영웅처럼 행동하지만, 가족에게는 계륵 같은 존재다. 휴가 때 집으로 돌아오는 것이 환영받지 못하는 선원의 슬픈 처지를 극명하게 보여준다. 일등항해사 쥬크는 그런 선장을 이해하지 못하지만, 자신도 결혼하면 그런 처지가 될 것이다. 태풍에 맞닥뜨리자 쥬크를 비롯한 선원들은 우회할 것을 주장하지만 선장은 돌파를 시도한다. 화물로 실린 중국 계절 노동자 쿨리들은 화물창에 갇힌 채로 방치된다. 기압이 곤두박질하면서 태풍이 몰아치는 바다는 모든 것이 무너져 내리고 뒤집히는 세계다. 태풍은 시공간의 개념이 사라지는 사태이다. 태풍이라는 대재난 앞에서 할 수 있는 일이 아무것도 없음을 알게 되었을 때, 우리는 속수무책이 되고, 그러면 오히려 담담해진다. 담대해진다. 두려움이란 살아날

가망이 있을 때나 갖게 되는 사치스러운 것이다. 살 수 있다는 희망이 사라지면, 더는 싸워야 할 대상이 사라지고, 오히려 평화로워진다. 무감각 상태가 된다. 이런 상태에 달했을 때, 비로소 재난에 맞설 수 있게 된다. 의지를 초탈한 상태로 태풍을 견디어 내고 나면, 맥훠 선장처럼 마치 아무 일 없었다는 듯이 모자를 고쳐 쓰면 그만이다.

바다에서 바람은 적대적인 힘이다. 범선 시절에는 배를 추동시키는 힘이면서 동시에 배의 진로를 막아서는 장벽이었다. 바람을 다룰 줄 아는 것이 뱃사람의 기본 덕성이었다. 그러나 기선의 시대에 들어서면서 바다에서 부는 바람의 성격이 변했다. 끊임없이 배가 항로를 벗어나게 하는 어둠의 힘이 되었다. 폭풍은 범선과 기선을 차별하지 않고 적대적이다. 모든 것을 휩쓸어 가려는 황천의 소용돌이다. 바다는 외부의 적이면서 내면의 적이어서 그것을 물리치는 유일한 길은 선원들끼리 유대하는 것이다. 그리고 부지불식간에 배와 사람이 일체가 되어야 한다. 인간은 나약한 존재다. 도덕적으로도 허약하다. 바다는 그것을 절실하게 드러낸다. 그래서 바다에서는 모두가 "우리들 중의 한 사람"이라는 동질감을 쉬이 깨닫게 된다.

『은밀한 동거인(The Secret Sharer)』에서 초보 선장이 다른 배에서 살인을 저지르고 도망자가 된 1등항해사 레거트를 구하는 것은 그가 자신의 분신, 아니 우리 모두의 분신이기 때문이다. 바다는 선악의 밝음과 어둠을 함께 품고 있는 신체이다. 바다라는 커다란 거울 앞에서 선원들은 한 몸이나 다름없다. 레거트는 세포라호에서 7주 동안 감금되었다가 물속으로 뛰어들어 다시 선장실에 숨어든다. 콘라드는 감옥 속 감옥에서의 삶을 이야기하고 있다. 선장은 그 감옥의 불안에서 벗어나기 위해 레가트를 다시 물속으로 뛰어들게 한다. 헤테로토피아를 뒤집어야 유토피아가 된다. 바다에서 구원이란 이런 것이다. 어디서나 낯선 삶을 살 수밖에 없는 이방인의 고난을 이야기하고 있다. 우리가 나누어야 하는 것은 바다에서의 고난이 배태한 비밀의 무게이다. 서로에게도 이방인인 선원들은 한배에 오르는 순간 유대감을 느끼는 서로의 분신이 된다. 바다에서 우리는 영원한 도피자이자 방랑자이다. 얼굴이 지워진 머리에는 모자가 필요 없을 것이다. 당신이 어느 날 바다에 떠다니는 흰 모자를 보거든 그것이 바다가 우리를 구원한 증표라는 것을 기억하라…

『나르시스호의 검둥이(The Nigger of the "Narcisuss")』, 웨이트는 바다를 항해하는 배가 숙명처럼 싣고 가야 하는 짐(dead weight; 최대적재량)이다. 우리를 시험에 들게 하는 자는 우리가 이르는 곳마다 있기 마련이다. 다만 그곳이 바다, 그것도 배 위라면 상황은 더욱 심각하다. 배 위에 오르는 순간부터 철저하게 고립되는 선원들에게 폭풍은 우리의 약점을 적나라하게 드러내는 기폭제이면서 처방

전이다. 배에 오르는 순간, 우리는 환자가 된다. 이미 땅을 떠난 열외자(列外者)이기 때문이다. 공동체로서의 배는 어느 선원 하나가 제 몫을 못 하는 순간 항해를 할 수 없게 된다. 단조로운 일상에서는 구성원 일부를 소외시켜도 그럭저럭 꾸려갈 수 있을지 모르지만, 폭풍을 만나게 되면 모두가 책무를 다하게 된다. 아무리 천한 자라도 일손을 보태게 된다. 그것이 구원에 이르는 길이다. 값싼 동정이나 감상은 해결책이 아니다. 저 나락의 공포 속에서 모든 사람을 함께 묶는 결속(solidarity)이 우리를 구출한다.

나르시스호의 항해는 죽음으로의 귀항이다. 유령처럼 배 안을 배회하는 악마는 꿋꿋하게 살아가는 우리 안의 죽어가는 자이다. 죽어가면서 우리를 항상 불러내는 자이다. 그래서 동료 선원들은 웨이트를 증오하면서도 애착을 갖는다. 웨이트는 우리의 불안과 공포를 떠맡는 희생양이다. 우리의 분신인 악마의 역할은 절체절명의 순간에 "기다려(wait!)"라고 외치면서 의미를 지체시키는 데 있다. 우리는 바다를 함께 항해해야 하는 숙명의 공범자인 것이다. 나르시스호의 선원들은 폭풍우 속에서 사투를 벌이면서도 선실에 감금된 웨이트를 구출하려고 필사의 노력을 한다. 선원들 세계에서의 동료애는 이런 것이다. 아담과 이브를 에덴에서 추방한 순간 고독해지는 자는 하느님 자신이다. 가해자와 피해자, 추방하는 자와 추방당한 자, 주인과 노예가 결국은 동일한 존재일 수밖에 없다는 것이 바다에서는 극명하게 드러난다. 시간과 공간의 바깥인 바다에서는 개체의 구별과 차별이 사라진다. 바다에는 쇼펜하우어가 주장하는 맹목적인 의지가 폭발해서 파편으로 널브러져 있다. 선원들은 폭풍우 속에서 고투를 벌이면서 어둠을 체화한 사람들이다. 타인의 고통에 대한 연민이 아니라 우리 모두의 근원적인 고통에 대한 동고(同苦, mitleid)의 자세를 갖게 되는 것이 바다에서의 사랑의 실체다. 삶에의 의지를 포기할 수 있게 될 때, 우리는 기꺼이 자신을 희생할 수 있게 되고, 그렇게 구원이라는 거룩함에 이르게 된다. 폭풍은 우리에게 죽음을 직시하는 법을 제시한다. 폭풍우를 이겨낸 배는 순항을 하게 된다. 이것이 바로, 폭풍 속에서 목숨을 바쳤던 뱃사람이 건져낸 삶의 철학이다.

쇼펜하우어는 모든 사랑은 연민(mitleid, sympathy)이라고 했다. 소년 시절 그는 프랑스 툴롱에서 갤리선 노예들의 삶을 보고 듣고 나서, 인간이라는 존재가 의지라는 갤리선에 갇힌 노예라고 생각했다고 한다. 쇼펜하우어는 사랑의 근원을 깨닫기 위해서는 개체성의 환상을 벗어날 수 있어야 한다고 했다. 다른 사람과 자신의 운명을 똑같이 보기를 주문했다. 삶에의 의지를 내려놓으라고 요청했다. 자기를 희생할 수 있어야 한다고 했다. 바다까지 떠밀려 온 뱃놈들은 바다에서 이것을 온몸으로 깨닫게 된다. 가해자와 피해자의 구별이 없다는 것을, 폭풍과 무풍의 차별이 없다는 것을 알게 된다. 이럴 때 우리는 숭고함을 느끼게 된다. 비로소 자기희생이 가능해진다. 이런 바다에서의 사랑을 실천하는 것이 스스로 구원(salvage)에 이르는 길이다. 바다는 부정이자 긍정의 세계다.

『어둠의 속』은 제국주의와 허무주의에 대한 고발과 반성에 그치지 않는다. 그것은 우리 내부의 오지를 향한 항해 이야기이기도 하다. 지하세계로 내려간다. 우리 안에 들어 있는 원초적인 악의 존재를 깨달아가는 과정이다. 커츠는 검은 정글에서 난파당하지만 말로우는 살아서 돌아온다. 분신인 커츠를 구출하는 데는 실패하지만, 콘라드의 창작 과정 자체가 구원의 노력이란 점에서는 성공한 셈이다. 난파시켜서는 안 되는 바다의 심장(heart)을 구조하는 것이 평생 과업이 된다. 콘라드는 생경한 언어의 조합을 통해서 낯선 감각을 빚어낸다. 콘라드가 구사하는 표현들은 지칭하는 대상을 살짝살짝 비껴간다. 바다의 언어는 낯설게 하기를 통해서 새로운 차원의 공명을 일으키기에 알맞춤이다. 수평선은 운무로 항상 흐릿하고 멀리 보이는 해안선은 뚜렷하지 않아서, 얇은 안개를 비추는 달빛의 시선으로 파도 파편처럼 언뜻언뜻 드러나는 바다의 의미를 캐낼 수 있어야 한다. 그러기 위해서 콘라드는 수시로 얼굴을 바꾸는 바다의 표면에 매몰되지 않고 현실과 괴리되지 않으면서도 일정한 거리를 둘 수 있는 액자구조를 생각해냈을 것이다. 상호 길항하는 힘들의 갈등이 전면적 사태인 바다를 표현하기 위해서는 시점을 달리하는 여러 화자와 화자 속 화자 간의 대화적 상상력이 필요했을 것이다. 바다의 진심을 포착하기도 어렵지만, 그걸 다른 사람에게 목소리로 전달하는 일은 더욱 난제다. 고독을 고집했던 콘라드의 탈출구는 바다였고, 그의 삶을 지배한 것은 소실점이 없는 원근법의 바다였다. 바다를 평생 좇은 작가였기에 그의 손에서 바다는 문학이 되었다. 어둠으로의 항해는 커츠의 것이 될 수도 있고, 말로우의 것이 될 수도 있다. 콘라드는 어둠 속을 항해하는 두려움과 절망을 작품 곳곳에서 말하다가, 말로우를 내세워 광인 커츠가 자신의 일생을 요약하면서 외친 마지막 말을 전한다. "무서워라! 무서워라!" 물에 온전히 몸을 맡기지 못한 커츠는 밀림에서 익사하게 된다. 그러나 말로우는 그 외침이 어둠의 내밀한 속내라는 것을, 썰물이 바다의 심연으로 가면서 내는 소리라는 것을, 우리들의 삶을 긍정하는 표현이라는 것을 알아차린다. 말로우는 뼛속까지 뱃놈이었기에 바다는 어둠으로 응축되어 있어서 바다에서의 선원의 삶을 결속(bond)시킨다는 것을 알았다. 선원들의 동료애가 다시 인류의 유대(solidarity)로 이어지는 발판이 될 수 있다는 것을 갈파하였다. 그것이 콘라드 항해의 결말인 셈이다.

자신을 희생할 줄 아는 자만이 구원자가 될 수 있다. 구난자는 스스로가 어둠의 힘이 되어야 한다. 그러기 위해서는 자신이 먼저 어둠의 심처로 내려가 보아야 한다. 침잠(沈潛)이란 물에 깊게 가라앉아서(sinking) 자맥질하듯이 물을 깊이 생각하는(thinking) 것이다. 바다는 항상 진행형이다. 저 바닷속에는 스스로를 희생했던 뱃사람들이 유령처럼 배회하고 있다. 콘라드 소설의 주인공들은 연민을 실천하기 위해 고투한 뱃사람들이다. 쓰라린 바닷물만이 우리 내면의 상처를 치유할 수 있다는 것을 보여준 사람들이다. 타인을 구난할 수 있어야 비로소 자신을 구난할 수 있는 법이다. "우리들 중의 한 사람"을 만나러 바다로 가자.

버지니아 울프는 바다로 갔다

파도는 해변에 부서졌다.

— 버지니아 울프, 『파도』에서

파도는 해변에 부서졌다. 그래서, 버지니아 울프는 바다로 갔다. 왠지 버지니아 울프는 울프라고 줄여서 부르면 안 될 것 같다. 스스로 세상의 등대가 되려고 했으니까. 그러니까 바다를, 파도를 대하듯이 끝까지 버지니아 울프라고 부르겠다. 이를테면 버지니아 울프의 삶(『항해』, 『댈러웨이 부인』, 『등대로』, 『파도』) 자체를 리토르넬로로 삼아 바다를 변주해보겠다는 결의다.

버지니아 울프는 도처에서 내려만 간다(down, down, down to ~). 버지니아 울프는 계단을 밟아 내려간다. 모자는 항상 어딘가에 내려놓고, 꽃은 떨어지는 모습만 골라서 본다. 길을 걸어도 내리막을 고집한다. 그 길거리에서 구겨진 신문지는 날리듯 떨어진다. 클러리사를 향한 사랑을 내려놓지 못하는 피터는 레전트 공원 벤치에서 잠속으로 떨어진다. 램지는 사람들은 끊임없이 혼자서 죽어가야 한다고 주문을 왼다. 스카이 섬의 별장은 바다의 습기가 뚝뚝 떨어지면서 의자들의 내장이 쏟아질 정도로 퇴락해간다. 버나드와 수잔은 헤엄치는 사람처럼 물속으로 가라앉고 파도가 그 위를 덮는다. 로우다는 혼자 항해하다 가라앉으면서 요정이 되었고, 수반을 기울여서 하얀 꽃잎들이 떠오르게 한다. 종달새도 까마귀도 솟구쳤다 곤두박질친다. 모든 존재와 사건들이 팽창하다가 어느 순간 홀연히 흩어져버리면 비로소 드러나는 것이 파도의 어둠이다. 이 어둠은 인간의 감각으로는 포착할 수 없을 만큼 깊다. 바다의 익사자는 세 번 떨어진다. 땅 끝 낭떠러지에서 한 번, 뱃전에서 두 번째로 떨어지고, 마지막 바닷속으로 침잠한다. 그것도 야멸차게 혼자서⋯

열두 시를 쳤을 때 아침은 오후를 만났고, 클러리사는 이사벨 포올이 입고 런던의 광장을 걸었음직한 초록빛 드레스를 침대에 내려놓았고, 셉티머스와 레지아는 할리 거리를 걸어 내려가고 있었다. 죽은 자들이 노래 부르자 셉티머스는 일곱 번을 고쳐 생각하다가, 끝내 스스로 창문 밖으로 몸을 던져버린다. 세상은 그만큼 엄숙하다는 거다. 아름다운 만큼 슬픔이고. 파도가 부서지는 방식이 그렇다. 파도는 힘을 끌어 모았다가, 균형이 무너지는 바로 아슬아슬한 그 순간에 떨어진다. 그래서 파도는 위태롭다. 부서지는 파도에 삼켜지는 것은 파멸이 아니라 서로 섞이는 것이다. 늘 초면인 어둠의 얼굴들이 끊임없이 섞이고 섞여 무슨 일인든 일어난다. 파도는 굽이쳐서 일어나고, 바다는 그게 전부다. 그러고 보면 내려간다는 것은 축복이고 희망이다. 파도가 가슴 떨리게 전율하는 것은 생성하기 직전의 사건이다. 파도는 부서지기 전에 벌써 하얗다.

버지니아 울프가 정작 내려가는 곳은 항상 바다였다. 클러리사가 바라보는 창문 밖은 사물들이 흔들리다 사라지는 바다였다. 6월의 어느 수요일 그녀가 항해에 나서는 곳은 런던이라는 불온스럽게 수런거리는 아침바다였다. 스카이 섬은 버지니아 울프의 꿈속에서 자주 물속으로 가라앉는다. 램지는 자신이 더 거친 바다, 더 깊은 심연에 잠겼다고 우기는 노래를 부른다. 램지 부인이 섬으로 초대한 사람들은 파도를 구경하러 바닷가로 내려간다. 릴리에게 세상은 풀밭이었고, 그녀는 그 풀밭이 가라앉아 있는 바다를 그리려고 했다. 그래서 릴리는 해적선 뱃전 밖으로 걸쳐놓은 널빤지에서 바다로 뛰어내렸다. 거기 서녘 바닷속에서는 꽃-물고기들이 춤추듯 헤엄치고, 사람들은 연이어 흘러들어오고, 죽은 자들은 서로 손을 잡고 사랑했다. 모든 것이 연결되어 있음을 감지할 수 있는 세계였다. 캠은 뱃전 너머로 손을 바다 깊숙이 넣어 그 느낌으로 아버지를 살려낸다. 버나드는 심오한 바다의 밑바닥까지 내려가 보고 싶어 하고, 로우다는 익사한 선원을 구해내겠다고 다짐했지만, 정작 자신이 깊은 바닷속으로 가라앉는다. 그 바다는 헤아릴 수 없이 깊어서 그 속으로 그토록 많은 지상의 삶들이 녹아들었다. 그래도 그 생떼같이 떨어진 꽃들과 뭍을 아쉬워하지 않는 물고기의 목숨들이 함께 손잡고 살아가고 있기에 버지니아 울프의 바다는 시퍼렇게 깊은지 모른다.

격렬한 폭음을 듣는 순간 ― 모든 것이 정지되었다고 느끼고 스위트피 꽃을 안고 창가로 가서 밖을 내다보는 클러리사의 시선과, 모든 것이 하나의 중심으로 모여들어 의식의 바다 위로 떠 오르는 것으로 느끼고 공포에 사로잡히는 셉티머스의 시선이 서로 비껴간다. 비행기들이 하늘에 쓴 글자들을 보면서 ― 죽은 자들이 더 많은 아름다움을 전해 주려는 신호로 읽는 셉티머스의 시선과, 세상 사람들이 거기서 무언가를 보아내려고 한다는 사실에서 순수한 즐거움을 느끼는 클러리사의 시선이 조금은 가깝게 지나쳐 간다. 레전트 공원에서 전장에서 죽은 에반스와 런던 거리를 배회하는 피터가 겹쳐져서 셉티머스의 눈 속으로 들어오고, 이제 애도와 계시의 시간이 되었음을 직감한다. 녹슨 펌프처럼 풍상에 찌든 채 분간할 수 없는 목소리로 사랑의 노래를 부르면서 구걸하는 여인에게 ― 피터는 동전 한 닢을 무심히 건네지 않을 수 없었고, 레지아는 동정을 건네고 오히려 위안을 돌려받는다. 셉티머스의 주검을 싣고 가는 앰뷸런스를 보고 ― 아마도 피터는 삶과 죽음이 하나가 되는 순간을 어렴풋이 느꼈을 것이다. 그리고 피터는 모든 곳에 자신이 존재한다고 믿으려고 애썼던 클러리사를 기억 속에서 불러내서 클러리사와 셉티머스와의 극적인 만남을 예비한다.

버지니아 울프는 자주 파티를 연다. 서로가 알아보지 못한 채 비껴가는 시선들을 모으기 위해서였다. 그녀는 사람과 사람을 불러 모아 연결시키려고 봉헌제를 드리는 여사제다. 사람과 사물이 서로의 가슴으로 품게 만드는 것이 바로 여신이 창조하는 방식이다. 우리 모두는 침몰하는 배에 사슬로 묶여 있는 종족이지만, 여신이 파티를 열어서 동료 죄수들의 고통을 달래준다면 인간을 좌절시키려는 남신들을 물리칠 수 있다고 클러리사는 믿는다. 램지 부인의 파티는 미숙한 젊은이들이 제 갈 길을 찾아가도록 변화시키는 힘을 가졌고, 물에 젖어 너울져 함께 갈 수 있다고 믿게 하였다. 그래서 사람들은 그녀의 등댓불 밑으로 모여들었다. 파시팔의 연회는 자발적으로 모이는 젊은 물살들의 경연이다. 서로에게 솔직하게 잔인해지면서, 그래도 서로 섞이고자 인내한다. 마침내 내 안의 수많은 나를 들여다보는 물속에서의 시간, 물속 지옥에서 펼치는 만찬이 그렇다. 바다의 심연도 그냥 베푸는 물일 뿐이다. 우리였을지도 모를 또 다른 우리들, 그것이 바다의 어둠이다. 고독을 담아내는 칠흑의 물방울, 물방울의 침묵이 떨어져 내리는 묵음의 향연, 바다 전체가 한 방울의 물인 것을…

파티를 준비하는 와중에 클러리사는 창문 너머로 맞은편 집 노부인이 창문 밖을 보고 있는 모습을 무심하게 지켜본다. 파티 중간에 익명의 청년(셉티머스)이 창문 밖으로 삶을 던져버렸다는 소식을 뜻-밖으로, 온몸으로 받아들인다. 세상과 소통하려고 외치는 그의 목소리가 참나무 옹이가 맺힌 것처럼 들렸기 때문이다. 클러리사와 레지아의 바느질과 램지부인의 뜨개질은 사람과 사람을 이어가려는 부드럽고도 끈질긴 애씀이다. 셉티머스의 나무-되기는 이파리들의 수백만 섬유질을 통해서 가능해진다. 척추를 훑어 내리는 거친 인간의 목소리라야 나무의 생명을, 바다의 물결을 약동시킬 수 있기 때문이다. 레지아의 몸은 바닷가 절벽에서 꽃잎으로 흩뿌려지고, 이윽고 창문 너머 노부인은 클러리사를 응시한다. 죽음을 사랑할 수 있어야 한다고 노부인이 말을 걸어오자, 삶과 죽음의 경계가 풀리고, 클러리사는 평생 사랑해왔던 샐리와 피터를 찾으러 아래층으로 내려가 세 사람의 꼭짓점을 잇는 삼각형을 완성한다. 클러리사의 방과 건너편 노부인 방 사이를 건너갈 수 있게 되자, 세상의 모든 거미줄에 맺힌 물방울들 사이의 거리를 좁힐 수 있었던 것이다. 이제 셉티머스의 방에서는 물소리 새소리가 파도와 어울리고 있다. 램지 부인이 등대와 서로 따뜻하게 응시할 수 있게 되자, 사람들 사이의 심연은 누구라도 노 저어 건널 수 있는 지척이 되었다. 결국, 등대 불빛은 누에가 잣는 섬유질이다. 그 섬유질이 녹아내려 바다가 되고, 우리는 그 만큼 절실한 마음으로 사람-바다를 항해할 수 있는 것이다.

문은 닫아야 하지만 바다로 난 창문은 항상 열어두어야 한다. 램지부인의 명령이다. 항상 바다에서 날아오는 나비(나비는 육지에서 바다로 날아가지 않는다는 사실을 꼭 기억하기 바란다. 바다에서 방향 감각을 잃는 것은 나비가 아니다.)를 맞아들일 수 있어야 하고, 창문 너머로 노부인들은 물러가는 모습이 더 아름다울 터이고, 셉티머스가 몸을 던지더라도 땅바닥으로 곤두박질하지 않도록 해야 한다. 세상 모든 건물의 창은 죄다 바다로 활짝 열어두어야 사람들은 사랑과 종교에 붙들리지 않게 될 거다. 노부인이 생의 마지막 순간에 바다에 몸을 눕히는 것은 또 얼마나 안타깝고 아름다운가. 바다는, 파도는, 등대는, 램지부인은 녹색이나 분홍색으로는 포착할 수 없다. 셉티머스가 구차하게 살아남을 우리에게 전하려고 했던 '그것'은 무엇일까? 상대방의 구두가 참 아름답다고 말해줄 수 있을 때 비로소 저마다의 가슴 속 깊은 곳에서 등대는 타올라 세상은 따뜻해지고 아름다워진다는 복음이 아니었을까!

바다는 무수한 원자들이 저마다의 인상을 흩뿌리는 곳이다. 파도는 그 찰나의 인상들을 담아내는 소리, 물질, 리듬이다. 넘어지고 일어나기를 무한 반복하면서 질주하는 것이 파도의 언어다. 파도는 하얀 언어라서 중심은 그냥 비어 있다. 물방울 단어들을 휘게 하고 무한 질량을 감당하는 힘을 포획하여 바다가 깊어지게 하는 대장장이가 시인이다. 셉티머스는 먼저 물에 빠져 죽은 선지자 시인, 인신공희의 제물이었다. 인광들이 춤추는 밤바다에는 얼마나 기막힌 사연들로 넘쳐나는가. 바다에 가득 익사한 선원들의 눈동자들은 별이 되고, 반딧불이들은 모르스 램프를 깜박이고, 물고기들은 짝-맺기 신호를 타전한다. 누구나 무엇이든 간에 아름다워지기 위해서는 매 순간 부서져야 한다. 바다에서는 당신의 모든 감각을 최대한으로 발기시켜라.

날이 맑아야만 갈 수 있는 곳은 이미 버지니아 울프의 등대가 아니다. 폭풍우 속에도 의연하게 서 있는 것이 등대다. 바다를 모르는 사람에게 등대는 비추지 않는다. 온전하게 자신일 수 있는 지경까지 고독의 절정을 맛본 뒤 이슥하도록 바다의 바닥까지 내려가서 최소한의 부피로 웅크려보아야 한다. 등대가 비추는 세계는 사위가 온통 뜨거운 눈물로 젖어 있다. 바다 속 물고기들이 의연하게 헤엄칠 수 있도록 따스함을 나누어주는 화톳불이다. 물 골짜기를 건너 다니는 봉화불이다. 바다 속에서는 모두가 몸을 풀듯이 황홀하게 평안하다. 램지와 제임스는 등대섬 가까이 노를 저어 가서도 진짜 등대는 보지 못한다. 마음 속 등대는 **뻣뻣**하게 울대를 세우는 사람에게는 결코 보이지 않는다. 로우다는 스위트 앨리스 꽃으로 하얀 등대를 세웠었지. 그래도 배들은 침몰해갔고… 램지부인의 눈빛과 등대 빛은 서로를 응시하다가 그 치열한 접점에서 하나가 되었기에, 그들의 서로 바라봄 속에서 등대를 찾았어야 했다. 바다에서 윤슬은 그런 서로 바라보기다. 램지와 제임스가 뒤늦게 등대를 찾아 나서지만, 여전히 메마른 감성으로는 여신의 바다와 화해하지 못한다. 공감은 바다에서 숨이 터진다. 등대는 식물성이다. 등대의 뿌리는 바다로 닿아 있다.

릴리가 맨 처음 화판에 옮긴 것은 보라색 삼각형이었다. 성모 또는 램지부인의 모자상은 보라색 그림자라는 걸까? 아, 버나드는 파도는 보랏빛이라고 했다. 파도는 씨-할리(sea holly)의 가시꽃잎으로 부서져 죽비 소리로 내리친다. 빛 때문에 그림자가 있는 것은 아니다. 바다에서 그림자는 아슬하게 빗금으로 가득하다. 램지부인은 쐐기 모양의 어둠의 핵(a wedge-shaped core of darkness)에 닿으려고 바다 바닥으로 가려고 했다. 셉티머스도 클러리사도, 방법은 달랐지만, 바다로 가려고 했다는 것을 기억하자. 하지만 이때 릴리는 바다의 어둠을 제대로 이해하지 못했다. 그래서 왼쪽 덩어리와 오른쪽 덩어리를 연결하는 선을 찾지 못해 10년을 고심했을 거다. 양말의 길이가 짧아서 슬퍼하는 눈물은 수직으로 떨어져서 심금을 울린다. 초록색과 푸른색을 함께 빻으면 부서지는 흰색이 된다. 파도의 삼각형 밑변들을 제거하면 부서져 내린다. 그렇게 두 변 사이의 거리를 없앨 수 있다는 사실을 깨닫고 나서야 릴리는 그토록 고심했던 세상의 모든 슬픔과 고뇌를 합쳐낸 선들을 그을 수 있었다. 물마루에서 파도의 골짜기로 가파르게 떨어지는 연민의 선들, 그래서 더 인간적인 선들을 온몸으로 느끼면서 단호하게 그어 나갔다. 파도가 그러듯이 순간 멈추었다가 섬광처럼 움직이는 릴리의 붓질이 만들어내는 리듬이 온 우주를 화해시켜가면서 화면을 채워갔다.

어둠은 어디라도 갈 수 있어서, 우리의 삶이 여기에 머무를 수 있고, 순간이 영원일 수 있다. 등대의 리듬, 바다의 전율, 그리고 파도의 찰나가 존재의 순간(moment of being)이다. 부서지는 파도가 또 무너지고, 있음과 없음의 경계가 사라지고, 바닷소리가 하얀 물결로 창문을 넘어온다. 버지니아 울프는 바다가 되었다가, 늘 인간에게로 내려갔다. 램지는 등대섬까지 평생을 노 저어 가서 램지부인을 만나고, 릴리는 램지부인이 사라진 순간에 램지부인과 하나가 된다. 그래서 바다는 못내 지극한 곡선이다. 개펄을, 모래밭을 빠져나가는 파도들이 새겨놓은 주름 무늬가 비길 데 없이 또 그렇다. 버지니아 울프가 그렇다. 파도는 펼침이고 표현이다.

버지니아 울프의 항해(Voyage Out)는 항상 밖으로 향한다. 귀항을 꿈꾸지 않는다. 언제나 출항이다. 어릴 적 꿈들, 동요 또는 절규들이, 깨어진 거울 파편들이 거세게 밀려와 어둠으로 스며드는 항해다. 그리고 바다로 침잠하는 침묵의 물방울들, 다시 그 침묵의 잠을 설핏 흔드는 언어의 비늘들. 그 물방울마다 맺혀서 떨어지는 인상들을 나열하면 바다의 리듬이 살아난다. 늦은 오후의 햇살에 분연히 맞서 버지니아 울프가 글을 쓸 때 책상의 모서리는 끝내 닳지 않고, 그 위에 펼쳐진 원고는 각진 채로 일어서서 창문 너머 바다로 가고 있다. 자기만의 방들이 서로의 살갗을 향해서 무적(霧笛)을 울리면서 접면을 만들어내려고 더듬어가는 항해라야 한다. 단연코 등대를 향하지 마라. 방들의 아늑함을 꿈꾸지 마라. 내면으로의 항해는 안팎을 뒤집어 보는 과정이다. 버지니아 울프는 그렇게 물구나무서겠다는 거다. 물고기들에게 지느러미를 허하라. 물속의 거미줄에 맺힌 물방울들을 터뜨리지 않은 채로 사이-심연을 이어 붙여 헤엄쳐 가도록. 그리하여 뱀장어 비늘 한 장 한 장이 뜯겨져 나갈 때마다 토해내던 단장(斷腸, 短長)의 신음, 소리로 온 바다의 침묵을 흔들어 깨울 수 있도록… 모든 예술과 사랑은 그런 항해이다. 한쪽 면만 닳아서 인간을 옥죄는 서로의 구두를 긍휼히 보듬어주어라. 파도는 공감일 뿐이다. 부서진다는 것, 한없이 내려간다는 것, 내려놓는다는 것, 함께 녹아내리겠다는 것이 파도의 결기다. 바다 한가운데까지 가지 못한다면, 해변에 가서라도 부서져라. 아니 지금 바로 여기에서 부서져라! 스스로를 표현하라! 당신의 옆구리에서 피가 솟구치도록 파도에게 박차를 가하라! 삶을 괄호로 처리하지 말고 사람에게로 항해하라!

바다는 충일(充溢)하다. 어렸을 때 나는 자꾸 충일(充溢)을 충익(充益, 忠翊)이라 읽었다. 'ㄱ'과 'ㄹ'의 차이만큼 바다는 생성이다.

생성은 충익해서 충일하다. 얼굴을 뭉개버리고 서로 섞여야 만날 수 있는 바다. 창문을 열고 등대처럼 서로 다가서기. 시간은 흐르고, 그래, 온전하게 부서지기… 오체투수(五體投水)! 바다-되기! 여성-되기! 글-쓰기!

소리와 분노는 다리 아래 물-그림자를 드리운다

다리 그림자가 드리운 곳은 바닥까지는 아니더라도 물속 깊이 들여다보였다. 물에 잠긴 잎은 오랜 시간이 흐른 뒤 표면이 떨어져 나가는데 그러면 섬세한 조직섬유 조각들은 느릿느릿 물결에 너울거리며 잠자는 시늉을 했다. 한때 아무리 단단히 얽혀 있었을지라도, 뼈대에 아무리 촘촘히 붙어 있었을지라도 조각들은 흩어져 서로 닿지 않는다.

— 윌리엄 포크너, 『소리와 분노』에서

애디는 누워서 죽어간다. 그리고 스스로는 말을 아끼면서 남들을 통해서 말한다. 그녀의 죽음에 대해서 말하게 한다. 저마다의 죽음에 대해서 행동으로 보여주라고 요구한다. 캐디도 형제들에게 누이에 대해서 말하게 한다. 자신들의 죽음을 미리-밀리-멀리 살펴보라고 한다. 윌리엄 포크너는 『내가 죽어 누워 있을 때』, 애디에 대한 세평을 늘어놓고 싶지는 않았을 것이다. 퀜틴이 다리 위에서 물로 뛰어들 때, 삶의 그림자를 수장시키고 싶었던 것은 아닐 테다. 캐디의 『소리와 분노』를 물결 위에 끝없이 메아리치게 하고 싶었을 것이다. 여신의 혀가 뽑혔을 때, 진실은 단말마의 비수로 내리꽂힌다. 그래서 우리는 오늘 죽어가는 여신이 온몸으로 전하는 죽음의 목소리를 물살의 세포 깊숙이 들을 수 있어야 한다. 그래야만 죽음을 만질 수 있을 테니까. 그래서 시인은 시를 쓸 수밖에 없다. '없다'는 것의 아찔함이 무의식의 바다이니까.

죽음은 독백이다. 모놀로그가 아니라 다성(多聲)의 독백이다. 회상이 아니라 기억이고, 말이 아니라 행동이다. 단속적이고 불연속적인 고독이다. 파편이다. 그리스 비극의 코러스이거나 반음계의 리토르넬로이다. 서사가 아니라 아우성이다. 죽음의 반복은 땅에 묻히는 것이 아니라 시간에 묻어야 한다. 사랑의 목메임은 목관 속에 담긴 주검으로 물에 잠기든지 아니면 산 채로 물속으로 뛰어들어야 한다. 검은 구멍으로 뛰어들기 또는 그 언저리에 머물기다. 물살에 온몸을 맡기기다.

죽음은 어차피 시간이다. 그래서 거역할 수 있는 거다. 파도는 해변으로만 밀려오지 않는다. 뱃전에 서 있는 뱃사람에게 다가가려고 먼바다로도 밀려온다. 어느 순간 용오름이었다가, 깊은 바다로 가라앉아 침잠해가기도 한다. 자신이 누구였던지가 아니라 누구인지를 묻는 것이다. 삶을 따지는 것이다. 그렇다고 의미를 캐려고 해서는 안 된다. 명사와 형용사와 부사를 부정할 수 있어야 한다. 동사를 뒤틀고 접속사와 전치사를 뒤집을 줄 알아야 한다. 시계-바늘을 비틀고, 수선화의 목은 꺾고, 의식 이전의 이미지들을 그냥 뒤섞어 놓아야 한다. 그래야 숨통이 트여서 비로소 죽을 수 있을 테니까. 죽음은 언어 이전의 사태다.

　죽음은 감각으로만 산다. 의미를 따지려 나서다가는 온전히 죽지도 못한다. 말하기 이전의, 직전의 세계를 살아야 한다. 죽음은 그림자로 더불어 살아야 한다. 백치와 광대는 거기에서 웃는다. 울다가, 울부짖다가, 절규한다. 부조리하니까, 죽음은. 벤지에게 캐디(caddie)와 캐디(Caddy) 사이에 틈이 없다. 즉각적이다. 할머니의 죽음과 누이의 결혼이 겹치고, 그네 위의 형상이 구분되지 않고, 죽음들이 혼재한다. 시간이 제대로 절단될수록 접속이 자유롭다. 시간 사이의 미분화 그리고 병치하라. 뜻-밖의 관계 맺음이 가능한 경지다. 순수 이미지들이 죽음으로 자연스럽게 연결되는 극미세의식이다. 죽음의 오르가즘이다. 애디가 학생들을 회초리로 후려쳐서 피 흘리게 하는 것은 피를 나누는 또 다른 밀교의식이다. 퀜틴이 캐디와 근친상간에 사로잡히는 것도 죄를 지어서 서로의 죽음을 초래하는 수태의식이다. 죽음은 감정 이전의 느낌이다. 그래서 벤지의 세계는 절체절명의 순간들이다. 의미생성을 거부하는, 그러나 오히려 사실적인 몽타주이다. 퀜틴과 달이 두려워서 감히 저지르지 못하는 경지다. 시인이 설 자리다.

윌리엄 포크너는 자매편이라고 불리는 『소리와 분노』와 『내가 죽어 누워 있을 때』에서 누이들을 주인공으로 내세운다. 퀜틴의 궁극적인 질문은 "너 누이가 있기나 해?"이다. '누이(sister)'가 없는 자들은 결코 성인이 될 수 없다는 것이다. 그 점에서는 예수도 예외가 아니다. 그래서 포크너의 소설은 남자들 속에 휩싸인 여신들의 희생제의와 장례 여행이다. 모든 누이는 창녀라는 것을 인정하라고 주장한다. 그래야 시간이 흐르는 것이 가능하고 죽음이 온존한다는 것이다. 인류 역사는 여성에 대한 폭력 휘두르기, 아니 여신 죽이기로 일관했다는 것이다. 캐디는 과거형이지만 애디는 현재진형행이다. 누이 캐디는 제임스에게는 밥이고, 퀜틴에게는 성모이고, 벤지에게는 원형 그대로의 여신이다. 어머니 애디는 캐시에게는 관이고, 쥬얼에게는 말이고, 베르단에게는 물고기이다. 누이는 추방할 수 없는 존재이다. 물에 떠내려가지도 불에 타지도 않는다. 땅에 묻히지도 않는다. 40마일의 대장정을 떠나왔어도, 결정적으로 집에서 삽을 가져오지 않았기 때문이다. 누이는 내가 지금 호흡하는 죽음이다.

못난 남자들의 여신 죽이기는 엄마가 다른 형제를 편애했다는 오해에서 비롯한다. 여자 형제와 가까이 지내는 것을 방해했다고 착각하면서 시작한다. 아버지가 무시당했다는 생각이 드는 순간 시작된다. '모성'이라는 말을 만들어낸 것은 남자들의 음모다. 처녀성을 신주로 모신 것도 못난 남자들이다. 사랑을 굳이 몸이 아닌 말을 내세워 오염시킨 것도 남자들의 피해망상 때문이었다. 죄짓기를 두려워하는 졸장부들이 정작 여신을 죽이고 말았다.

물속에 빠져 버린 사람은 관념이라는 뗏목을 타고 난바다에서 위태롭게 버티던 퀜틴과 달이었고, 물속에서 살아가는 사람은 원초적인 감각 속에서 숨 쉴 줄 아는 벤지이고 바더만이다. 벤지는 나무 냄새와 비의 냄새를 맡는다. 바더만은 나무를 귀로 듣고 소리를 눈으로 본다. 그림자가 오히려 실체라면, 어둠이 말을 녹일 수 있다면, 죽음과 함께 살아갈 줄 알아야 한다. 그러려면 어찌 미치지 않을 수 있겠는가. 광대라야 제대로 분노하고 소리칠 수 있어, 죽음을 증거할 수 있다. 시간은 강을 건널 수 있다. 다만 다리 위로 건너려고 해서는 안 된다. 죽음은 바다 위를 걷거나, 심연으로 헤엄칠 수 있다. 죽음은 물고기이니까. 두 그림자가 한 그림자로 합칠 수 있는 곳은 오로지 물 위에서다. 거기서 비로소 우리 몸에서 그림자를 떼어낼 수 있기 때문이다.

성(性)은 순수한 것이지 성(聖)스러운 것이 아니다. 불안할 뿐이지 불경스럽지 않다. 그래서 죽음이다. 불확실해서 잠재성이다. 물줄기의 다속(多束)성이다. 떨어져 흐르다가 다시 섞여서 얽히고, 한 몸이었다가 어느새 여러 갈래로 흐른다. 어느 순간에 매여 있지 않은 생명을 확인하면서 걷는 길이다. 말이 아니라 행동하는 거다. 여신은 말을 따르지 않는다. 죽음은 그렇게 무한 능동태다.

역사는 아버지, 남편, 형제들이 여신을 죽여가는 현장의 기록이다. 순결을 강요하는 것은 남성들의 일방적인 폭압일 뿐이다. 그리스 신화는 여신을 말살해가는 치밀한 음모다. 플라톤의 이데아는 그 아류일 뿐이다. 지옥에 갈 수 있는 것은 인간만의 특권이다. 생명을 창궐하게 하는 것은 정상위가 아니라 간통을 통해서다. 여신의 적극적인 자기표현이다. 창발이 그렇다. 죄를 저질러야 죽을 수 있는 것 아닌가. 순결은 자연에 반한다. 세상이 풍요로워져야 아름다워질 것 아닌가. 질서를 위장한 터부와 금기가 죽음을 불순하게 만들었다. 영혼과 영원을 내세운 심판이 죽음을 두려운 것으로 만들었다. 퀜틴의 불이 정화라는 가면을 쓴 냉혹함이라면, 벤지의 불은 사랑을 회복하는 죽음의 온기다. 퀜틴은 언어로 침묵하지만, 달은 생각으로 미치지만, 벤지는 어둠의 냄새를 들을 수 있어서, 온몸으로 소리를 짓는다.

시간은 항상 빗나간다. 벗어난다. 고문이고 고통이다. 그래서 서서는 죽음을 볼 수 없다. 목관을 입고 누워야 죽음이 옆에 온다. 주검은 어디서나 언제나 냄새를 피우고, 말똥가리 새처럼 떠돌 뿐이다. 그래도 바다에서 배를 타고 항해에 나선 당신은, 바람이 없으면 노를 저어야 한다. 시간은 결코 부러뜨릴 수 없으니까. 시간은 닦거나 없애려고 하지 말고, 더럽혀야 한다. 그런 시간을 제대로 이해한 사람은 오히려 벤지다. 벤지는 죽음을 배회하는 그림자다. 뼈들이 달빛과 합쳐지는 냄새를 맡는다. 그래서 벤지는 비극이고, 처음부터 죽어서 산다.

죽음으로 가는 길에 다리(bridge)는 무너지고, 다리(leg)는 부러진다. 뼈는 하얗게 부서지고, 부러진 다리가 다시 부러진다. 낸시(말)와 캐시의 뼈는 부러지지만, 딜지의 뼈는 살을 뚫고 솟구친다. 석고붕대나 시멘트로 붙들어 맬 수 없는 노릇이다. 딜지처럼 살은 흘러내리게 하거나 애디처럼 뼈를 눕히면 된다. 그녀들은 얼마나 아름다운가! 시간이 흐르게 해야 제대로 죽는다. 언어로 헛간을 세우려고 하지 말 일이다. 뼈가 으스러지면 소리를 질러야 한다. 악다문 잇새로 새어 나오게 해야 한다. 살이 짓물러 내리게 두면 죽음의 향기가 난다. 죽음의 그림자가 물살에 흐른다. 벤지는 도처에서 시간의 흔들림, 죽음의 냄새를 맡는다. 인동덩굴 냄새는 외설과 죽음의 향기다. 퀜틴은 자신이 뛰어들 물속에서 그림자가 자신을 부르는 소리, 인동덩굴 냄새를 맡는다. 뼈가 일어서는, 춤추는 곳이 죽음의 바다다. 그림자의 뼈들이 바다에서…

크로노스는 오른손에 모래시계를 왼손에는 낫을 들었다. 시간을 벨 수 있는 낫을 크로노스에게서 빼앗아야 한다. 다른 신에게 넘겨

주어서도 안 된다. 그 낫은 우리가 직접 휘두를 수 있어야 한다. 시인의 자세다. 죽기도 전에 거세당해서는 안 된다. 벤지가 33세라고 해서 예수라고 지레 예단하지 말자. 벤지는 누이를 가졌다. 에스겔이 두로(Tyre)에게 저주를 내리지 못하도록 하자. 성처녀를 죽지 못하게 내버려 두어서는 안 된다. 투신한 퀜틴을 창녀 퀜틴으로 되살려내자. 이왕이면 제대로 죽어야 한다. 부활이란 그런 거다. 에스겔이 **뼈**들은 일어날 거라고 예언하지 않았던가!

물속으로 들어가야 바더만은 누워서 죽어가고 있는 엄마를 만날 수 있다. 물속으로 뛰어들어서야 퀜틴은 캐디와 결합할 수 있다. 물속에서는 인동덩굴이 만발하고, 바다에는 향기가 물살처럼 사방으로 새처럼 날 것이다. 물속에서는 시간의 그림자들이 드리워지고, 이내 흔들리고, 제대로 섞인다. 벤지는 찰나의 윤슬이다. 바다의 거미줄이다. 달빛을 가로질러 달(Darl)과 함께 물속으로 들어가면 여신의 목소리가 들린다. 희생제의의 파도다.

오뒷세우스, 지중해를 떠돌다

> 내(칼륍소)가 그를 구해주었어요. 그가 혼자 배의 용골에 걸터 앉아 있을 때 말예요. 제우스께서 포도줏빛 바다 한가운데서 번쩍이는 번개로 그의 날랜 배를 부수고 쪼개버리셨기 때문이지요.
>
> — 호메로스, 『오뒷세이아』에서

문학 속 바다-이미지를 캐내겠다고 용기를 낼 수 있었던 것은 호메로스의 『오뒷세이아』를 읽으면서부터였을 것이다. 그러나 이 작품을 이야기하기 위해서 어디서부터 실마리를 풀어가야 하는가는 간단치 않았다. 모든 사건의 발단이면서 폐허가 되어버린 트로이의 벌판에서일까, 아니면 배신과 음모로 들끓고 있는 이타케 섬이라야 할까. 오뒷세우스가 7년 동안 푹 빠져 살던 요정 칼륍소의 동굴에서, 또는 환상과 현실이 교차하는 경계이자 전환점인 파이아케스 족의 해변에서 시작하는 것이 방법일 수도 있겠다. 그렇다고 오뒷세우스의 귀향을 결정하는 신들의 회의가 열리고 있는 올림푸스 산에서 시작하는 것은 썩 마음이 내키지 않는다. 차라리 바다 한가운데서 시작하는 것은 어떨까. 호메로스 역시 자신의 이야기를 툭 던지듯이 생선 가운데 토막에서 시작하지 않았던가. 오뒷세우스가 자신의 목소리로 노래하기 시작하는 지점에 방점을 두고 시작하기로 하자. 이 책의 다른 곳에 등장하는 가인들, 페미오스나 데모도코스, 그리고 눈먼 예언자 테이레시아스는 한 곳에 머물면서 노래하지만, 오뒷세우스는 여행하면서 스스로 체험한 이야기를 모든 사람과 나누는 가객이지 않은가.

바닷물이 끊임없이 씻어내는 오귀기에 섬, 바다의 옴파로스(배꼽)에는 모든 뱃사람을 사랑하는 여신이 산다. 바다 요정 칼륍소의 노래가 쉼 없이 들리는 곳이다. 바다는 여신들의 세계다. 항상 설레는 마음으로 살 수 있는 바다에서 같이 살자는 것이 오뒷세우스를 향한 칼륍소의 사랑이었다. 『오뒷세이아』는 바다의 서사시이자 여신들을 향한 송가(頌歌)여야 했다. 오뒷세우스는 칼륍소와 지내면서도 매일 아침 해변으로 나갔다. 만물을 키워내는 여신들을 섬기며 바다를 떠나지 말라는 것이 포세이돈의 뜻이었음에도 오뒷세우스는 귀향만을 고집한다. 세상을 두루 편력해서 충분한 지식을 갖추었다고 자만한 결과이다. 칼륍소가 오뒷세우스를 오랫동안 잡아둔 것은 그가 아직 바다를 제대로 노래할 줄 모른다고 판단했기 때문이었다. 수많은 도시를 약탈하고 사람을 엄청나게 죽였다고 해서 세상을 다 알게 되는 것은 아니라는 것이다. 키르케는 저승을 다녀 온 오뒷세우스를 떠나보내면서, 먼저 세이렌의 노래를 들을 것을 종용한다. 다른 사람들의 귀는 밀랍으로 막고 혼자만 귀를 기울여야 들리는 바다 소리를 들어야 한다는 것이었다. 그래야 스퀼라와 카륍디스가 지키고 있는 재생의 산도(産道)를 통과할 수 있으니까. 열두 척에 배에 나누어 타고 함께 길을 떠났던 600여 명의 동료를 양수의 바다에 희생양으로 바치고 혼자 통과해야 하는 길목이다. 그래야 비로소 세상을 향해 고고성(呱呱聲)을 지를 수 있는 법이다. 오뒷세우스가 유독 알키노스와 나우시카아의 환대를 받은 것은 그가 단독으로 스케이라 해변에 난파당했기 때문일 것이다. 바다-여신들은 오뒷세우스라는 바다-시인을 키워낸 어머니이자 뮤즈였던 셈이다.

오뒷세우스를 사랑했던 여인과 여신들을 살펴보자. 우선 페넬로페는 과연 정절의 여인이었을까. 아르테미스가 아니라 오히려 아프로디테에 가깝지 않을까. 구혼자들에게 재혼의 결정권을 가진 친정 아버지 이카리오스의 집으로 찾아가라고 시키지 않고 자기 곁에 붙잡아둔다. 오랜 세월 동안 구혼자들을 물리쳤다가 붙잡아두기를 반복하는 것이 페넬로페의 항해방식이었는지도 모른다. 시아버지의 수의를 짰다가 푸는 것은 마치 돛단배가 지그재그로 항해하는 모습처럼 보인다. 오뒷세우스는 바다라는 공간을 누비는 배를 타고 페넬로페는 시간을 펼치는 베를 짠다. 두 사람 다 바다를 살고 바다를 노래한 셈이다. 한편 텔레마코스는 어머니를 지속적으로 의심한다. 페넬로페 자신도 남편이 다시 돌아올 거라는 확신을 하지 못한다. 변장한 남편을 알아보지 못한다. 그래서 침대를 가지고 시험한다. 그 침대는 바로 배이기 때문에 거기서 재회한다는 것은 다시 갈라설 수밖에 없는 운명을 예견한다. 오랜 세월이 흐른 뒤에도 오뒷세우스를 바로 알아본 것은 늙은 개 아르고스뿐이었다. 유모 에우뤼클레이아는 목욕을 시키면서 멧돼지의 엄니에 부상당한 흉터를 보고야 알아본다. 뱃사람들은 자식이 자신을 알아보지 못할까봐 전전긍긍한다. 목욕 이야기가 나왔으니까 헬레네 이야기를 해보자. 염탐을 위해 트로이에 잠입한 오뒷세우스를 목욕시키고 올리브유를 발라준 이가 바로 헬레네였다. 거지로 변장했음에도 점찍어 두었던 남자를 첫눈에 알아보는 것이 여자의 능력이다. 파이아케스족의 가인 데모도코스는 뜬금없이 아프로디테와 아레스의 간통 사건을 노래한다. 페넬로페 역시 바다의 포말에서 태어난 것이 확실하다.

칼륍소 역시 오뒷세우스를 누구보다 사랑했다. 그녀는 항상 고운 목소리로 노래를 불렀고, 황금 북으로 베를 짜고 있었다. 오뒷세우스를 놓아주라는 헤르메스의 전언을 듣고 여신들이 신이 아닌 남자를 사랑하는 것을 남신들이 질투하는 거라고 항의한다. 알키노오스의 딸 나우시카아는 아테네 여신의 인도로 강과 바다가 합류하는 곳에서 알몸의 오뒷세우스를 처음 본 순간 반한다. 오뒷세우스는 그녀를 아르테미스에 견주고 종려나무의 어린 가지처럼 아름답다고 한다. 이 비유에는 성적인 관계를 맺지 않으려는 오뒷세우스의 심사가 드러난다. 마녀 키르케는 오뒷세우스를 해치지 않겠다는 계약을 맺고 사랑을 나눈다. 그녀는 오뒷세우스에게 저승을 여행할 것을 권한다. 이노 레우코테아(항해자를 수호하는 하얀 물보라의 바다-여신)는 칼륍소와 헤어진 뒤에 뗏목을 타고 표류하고 있던 오뒷세우스를 구해낸다.

오뒷세우스를 향한 아테네의 사랑은 유별나다. 독특한 사랑법이다. 오뒷세우스는 그를 사랑하고 보살폈던 수많은 바다-여신들을 배신한다. 키르케와 칼륍소를 버렸고, 세이렌 자매들, 스퀼라와 카륍디스의 구애를 무정하게 거부한다. 아테네가 전쟁-여신으로 탈바꿈하기 위해 오뒷세우스를 동원하여 선주민들의 여신숭배를 지워갔던 것이다. 그렇게 오랜 옛날부터 뱃사람들을 지켜주었던 바다-여신들이 사라져 버렸다. 팔라스는 아테네의 또 다른 이름인데, 여기에는 사연이 있다. 팔라스는 아테네의 후견이었던 바다-신 트리톤의 딸이었고, 아테네와 함께 자랐다고 한다. 무술을 연마하다가 아테네의 창에 팔라스가 죽었고, 이를 슬퍼한 아테네가 팔라스의 여신상(팔라디온)을 만들어 이를 모시는 도시를 보호했다고 한다. 아테네는 팔라스-여신을 빼앗아간 것이다. 나중에 제우스는 포세이돈과 아테네를 화해시켰다고 하는데, 그리스가 해양 세력으로 자리잡는 계기라 할 수 있겠다. 아카이오이족이 트로이에서 귀향하면서 어려움을 겪은 것은 작은 아이아스가 팔라디온 뒤로 피신한 캇산드라를 겁탈했기 때문이라고 하는데, 그럼에도 오뒷세우스만은 끝까지 뒷배를 봐준다. 그리스 남신들이 토속 여신들을 죽여 나가는 데 오뒷세우스와 아테네를 철저하게 이용한 셈이다.

내친김에 바다-신의 계보를 살펴보자. 호메로스는 천지가 오케아노스와 테티스의 결합 때문에 창조되었다고 주장한다. 오케아노스는 혼돈의 공간을 무질서하게 흐르는 남성적인 힘이고, 테티스는 여성적인 물줄기다. 헤시오도스에 의하면, 오케아노스와 테티스는 가이아가 우라노스와 교접하여 낳은 바다-신들이다. 한편, 폰토스는 가이아가 혼자서 낳은 바다-신이다. 폰토스는 어머니 가이아와의 사이에 네레우스, 타우마스 등 바다의 노인들과, 케토, 포르키스, 에우리비아 등 바다의 괴물을 낳는다. 이들보다 후세대의 바다-신인 포세이돈은 항상 삼지창을 들고 다닌다. 포세이돈은 크로노스와 레아의 아들이다. 호메로스는 포세이돈을 하늘을 떠받치는 아틀라스처럼 바다의 깊이를 알고 있다고 소개한다. 이집트로부터 메넬라오스의 귀향을 돕는 것은 바다의 노인 프로테우스의 딸 에이도테다. 호메로스는 프로테우스를 포세이돈의 신하라고 말하는데, 실제는 프로테우스가 더 원초적인 바다-신일 것이다. 재미있게도 에이도테는 메넬라오스에게 아버지 프로테우스를 묶어서 귀향길을 물으라고 부추긴다. 바다-신들의 계보가 그리스 신들의 우위체계로 재편

되는 것을 볼 수 있는 장면이다. 제우스의 아들들(디오스크로이)인 카스토르와 폴리데우케스는 뱃사람들 앞에 성 에르모의 불이 되어 나타나는 선원들을 보호하는 신들이다. 디오니소스는 어머니 세멜레와 함께 상자에 넣어져 바다를 떠다니다가, 바다-여신이 된 이모 이노에게 맡겨져 자라는 등 바다와 관련이 있는 신이다. 디오니소스는 바다가 키웠다. 데메테르, 페르세포네, 키벨레, 이시스, 아프로디테, 헤카테, 레아, 헤스티아, 헤라 등의 토속모신들 속에서 바다와 관련된 이야기를 꺼낼 수 있을 것으로 짐작된다.

이제는 오뒷세이아의 항해를 살펴볼 차례다. 오뒷세이아가 트로이 원정에 동원한 배는 열두 척이었다.(아카이오이족이 전체는 총 1,186척) 그의 배는 양 끝이 휜 배, 이물이 검은 배, 날랜 검은 배라고 묘사된다. 그가 항해하는 바다는 추수할 수 없는 바다이고 포도주 빛 바다이다. 매양 난파당하는 것으로 봐서는 결코 유능한 항해사가 아니었다. 치고 빠지는 데 명수였던 해적일 뿐이었다. 이타케로 돌아갈 때는 자기 배가 아니라 알키노스(페니키아인의 후손으로 생각되는)가 마련해준 배에 잠이 든 채로 실려 간다. 오귀기에에서 뗏목을 만들 때도 칼륍소의 도움에 의지한다. 그러나 오뒷세우스는 최초로 노래할 줄 아는 항해자였다. 오뒷세우스의 항해하는 배도, 사랑을 나누는 침대도, 시를 쓰는 책상도 같은 기술과 방식으로 나무를 다듬고 조합하여 만들어졌다. 오뒷세우스가 만든 침대는 올리브 나무가 그대로 침대 기둥이자 배의 돛대가 되었다. 헤르메스가 칼륍소에게 오뒷세우스를 놓아주라는 신들의 결정을 전해주러 가는 바다를 가로지르는 장면 묘사는 절묘하다. '깃털 많은 날개를 짠 바닷물에 적시는 갈매기처럼 파도 위를 달리는' 것이야말로 바로 시인이 영감을 받아 시를 써가는 모습 그대로이다. 그렇게 인류의 항해하기는 노래하기가 되고 시쓰기가 되었다. 사랑도 시도 항해다. 오뒷세우스의 항해는 문학이 되었다. 그렇게 오뒷세우스가 있어서 해양문명은 페니키아가 아니라 그리스에서 꽃필 수가 있었던 것이다.

오뒷세우스는 끝내 바다를 배신한다. 그를 키워냈던 여신을 배신한 셈이다. 아니 오뒷세우스의 항해 전체가 여신을 배반하는 이야기이다. 그는 해만 뜨면 오귀기에 섬의 바닷가 바위에 나와 앉아 고향을 그리워했다. 스케리아 섬에 난파될 때는 칼륍소가 만들어준 옷도 벗어버린다. 그런 업보로 오뒷세우스는 그 어디에서 보다 고향 이타케에서 유례가 없는 처절한 난파자가 된다. 의식도 없는 상태에서 조난당했기 때문에 고향이 낯설어진다. 지금까지 다른 땅에서 그랬던 것처럼 고향땅과 고향사람들을 유린한다. 구혼자들을 참살하는 것은 질서회복을 위해 어쩔 수 없는 일이라 양보할 수도 있겠으나, 하녀들을 긴 칼로 죽이라고 명령하여 엉뚱한 화풀이를 한다. 한술 더 떠 텔레마코스는 하녀들을 이물이 검은 배의 밧줄로 목매 죽인다. 본능에 충실하다가 애먼 죄를 뒤집어 쓴 열두 명의 하녀를 죽이는 것은 바다를 떠나겠다는 최후의 각오였다. 바다-여신이 이런 제물을 희생양으로 받아들일 리 만무한 일이다. 이 모든 비극의 종말을 예감한 눈먼 예언자 테이레시아스는 오뒷세우스에게 이 모든 것이 끝나고 나면 바다에서 멀리 떨어진 내륙으로 가라고 한다. '노' 하나를 들고 가다가 그것을 곡식을 까부르는 '키'라고 누군가 이야기하면 거기에서 죽을 거라고 예언한다. 그 죽음은 바다로부터 오는 부드러운 죽음이 될 거라고 말하지만, 그렇게 믿기지 않는다. 바다를 배신한 죄, 여신을 배반한 죄는 바다로 되돌아가 바다와 함께 살면서 영원히 속죄해야 하는 것이 옳다. 그래서 카잔차키스는 그의 작품『오디세이아』를 통해서 오뒷세우스에게 다시 여행을 떠나도록 충동한다. 단테는 다시 그를 대서양으로 보내고 거기서 지옥으로 떨어뜨린다. 그래서 카프카는 끝없이 문학의 세계를 측량해야 하고, 조이스는 올림푸스의 신화를 벗겨내는 실험을 하고 있는지 모른다.

감히 바다를 떠날 수 있다고 생각하는 자는 누구인가? 출항하고 입항한다는 말은 허위다. 이타케는 출항지가 아니었듯이 목적지도 아니었다. 바다는 끝없는 도정이다. 쉼 없이 일어나서 부서지는 파도가 그렇게 말하고 있지 않는가. 온 세상을 돌아다녔어도 바다에서 부서지는 흰 거품에서 배우는 것 이상일 수 없다고 데릭 월컷은『오메로스』를 통해 주장한다. 당신도 바다를 노래하는 오뒷세우스가 되고 싶지 않은가. 그러면 바다로 가라. 당신의 온몸을 돌아다니는 피의 바다가 부르는 소리가 들리지 않는가. 파우스트가 '영원히 여성적인 것이 우리를 이끌어간다'고 고백했음을 기억한다면, 지금 당장! 바다로 뛰어들어라.

메데이아, 아르고호의 키를 잡다

> (키르케)이모가 나(메데이아)한테 물으시더구나.
> 그들은 자신들에게 죄가 없다고 말해 줄 여자를 찾는단다.
> ─ 크리스타 볼프, 『메데이아, 또는 악녀를 위한 변명』 서두에서

에우리피데스의 『메데이아』는 유모의 가정법 문장으로 시작한다. "차라리 아르고호가 검푸른 쉼플레가데스 바위들을 지나 콜키스인들의 나라로 달려가지 않았더라면…" 메데이아의 삶이 달라졌을 것이라고 탄식한다. 이어지는 독백에서 메데이아가 도망자로서 이올코스를 거쳐 코린토에 왔다고 단정한다. 그리고 마님은 무서운 분이라고 주장한다. 과연 그럴까 하는 의문에서, 그리고 무언가 감추어진 진실을 드러낼 수 있다는 희망으로 이 글을 시작한다.

아폴로니오스 로디오스의 『아르고호의 이야기』도 첫 문장에서 아르고호를 타고 쉼플레가데스 바위들을 지나 항해했던 영웅들을 노래하겠다고 선언한다. 아르고의 이야기는 전설이자 가상의 이야

기라는 전제로 들어야 한다. 도도나 신전의 떡갈나무로 아테나 여신의 모습을 한 뱃머리 조각상을 만들어 붙여서 아르고호는 스스로 말하는 재주를 가졌다. 시인은 파가사이 항구에서 출발할 때 승선할 55명의 선원들을 호명하면서 오르페우스를 제일 먼저 언급한다. 하계를 지키는 개 케르베로스와 뱃사공 카론을 감동시킬 수 있을 만큼 오르페우스의 노래는 강력했고, 아르고호의 모험에서도 결정적인 역할을 한다. 제우스의 저주를 받아 티니아 땅에서 목숨을 부지하고 있던 피네우스가 쉼플레가데스를 통과하는 방법에서부터 콜키스에 도착할 때까지의 여정을 상세하게 안내한다. 아마도 이 항해지침을 기억하여 필요할 때마다 읊은 이가 오르페우스였을 것이고, 이 항해의 전모를 후세에 전한 이도 오르페우스였을 것이다. 아르고호의 전문 항해사는 티피스와 앙키이오스였지만, 선원들은 오르페우스의 노래에 맞춰 노를 저었고 항해의 노고를 위로 받았다. 오르페우스는 메데이아의 하계여행에도 동행한다. 안테모에사 섬을 지나갈 때는 오르페우스의 수금 선율이 세이렌의 노래를 잠재웠다고 하는데, 아마도 선원들의 귀를 그의 노래가 사로잡아 다른 소리에 정신을 팔지 않도록 했던 것이 사실에 가까울 것이다. 메데이아 역시 노래하는 여신이다. 황금양털을 지키는 용을 그녀의 노랫소리로 잠재운다. 용이 황홀한 상태에 빠져 무수한 똬리를 풀어내듯이 메데이아는 자신의 항해 이야기를 우리에게 넋두리하듯 노래한다. 뭍에 올라 바다 노래를 전하고자 했던 그녀의 절창을 우리는 들을 수 있어야 한다.

아르고호의 항해에는 몇 번의 변곡점이 있다. 최정점의 변곡점은 메데이아가 콜키스를 떠나기 위해 스스로 아르고호에 승선하는 시점이다. 그 시점에서 전체 이야기의 주인공이 이아손에서 메데이아로 바뀐다. 이아손이 메데이아를 만나기 위해서는 쉼플레가데스를 통과하는 것이 최대의 난관이었고, 거기를 무사히 통과하고 난 뒤 선원들은 하데스부터 탈출했다고 안심한다. 이아손이 세상의 끝에서 메데이아를 만나기 위해서는 재생의 산도(産道)를 통과해야만 가능했다. 아테나 여신의 도움이 결정적이었다.(나중에 또 한 번의 통과의례 지점인 플랑크타이 바위를 통과할 때는 바다의 여신 테티스의 도움을 받는다.) 그러고 보면 아테나 여신이 메데이아의 뜻에 따른 셈이다. 그리스인들은 자신들에게 익숙했던 땅에서는 거리낌 없이 약탈과 살육을 자행하던 해적에 불과했지만, 협력과 상생을 도모해야만 하는 낯선 땅에 들어서기 위해서는 거듭나야만 했다. 그리스 신들도 쉼플레가데스 이후의 뱃길은 익숙하지 않아서 뒤로 물러난다. 그 바다에 익숙했지만 지금은 늙고 앞을 못 보는 항해사였던 피네우스의 기억에 의존할 수밖에 없다. 리코스의 아들 다스킬로스와 오르케메노스로 가다 난파당했던 선원들인 프릭소스의 아들들이 항해안내자가 된다. 지금까지 항해사였던 티피스(그는 성난 파도와 폭풍을 미리 알아차리고, 태양이나 별을 보고 항로를 잡는 재능이 있었다.)가 병으로 죽고, 새로운 바다에서는 앙키이오스가 항해사 역할을 떠맡는다. 예언가 이드몬도 멧돼지에 물려 죽는다. 이 모두가 여신 메데이아를 영접하기 위한 제식의 예비 절차였던 셈이다.

펠리아스가 이아손에게 황금양털을 찾아 나서게 한 뜻은 그가 바다에서 길을 잃고 돌아오지 못하게 하는데 있었다. 프릭소스와 그의 누이 헬라는 보이오티아 왕국에서 희생제물로 바쳐져야 할 운명을 피해 황금숫양을 타고 바다를 건넜지만 콜키스에서 희생된다. 프릭소스의 불행을 기억하고 있었던 자비로운 여사제 메데이아는 타우리케의 이피게니아처럼 난파한 아르고호 선원들을 구하려는 마음이 앞섰다. 달, 대지, 지하의 세 갈래 길을 한 몸에 구현하고 있는 여신 헤카테의 신탁에 따라 이아손이 타고 온 아르고호를 빌려 항해에 나서려고 이아손을 구한 것이다. 아이에테스 왕의 포도덩굴 우거진 정원에서의 첫 만남의 순간, 이아손은 메데이아의 마법에 속수무책으로 걸려들어 온몸이 전율하는 황홀경에 **빠진**다. 강력한 여신 메데이아가 에로스의 화살에 맞았다는 것은 그리스인들의 상상일 뿐이다. 메데이아는 이아손의 간청을 들어주어 프릭소스가 그리스의 장례법에 따라 땅에 묻힐 수 있도록 도와준다. 메데이아는 이아손의 힘을 빌렸을 뿐이다. 입에서 불을 내뿜는 황소를 몰아 쟁기질을 하여 땅을 파게 한 후, 프릭소스의 **뼈들을**

땅에 뿌리는 방식으로 프릭소스의 장례를 그리스 방식으로 치르게 했다. 프릭소스의 몸을 감쌌다가 이제는 신성한 숲의 나무에 걸려 있던 황금양털을 거두어들임으로써 장례를 완성한다. 이때부터 이아손은 영웅으로서의 면모를 상실한다. 메데이아가 이아손의 힘을 소진시켰기 때문이다. 애초부터 황금양털은 항해의 목적이 될 수 없었다. 그랬다면 아르고호 선원들의 수고가 파가사이의 해변에 도착함으로써 이야기의 결말에 이르렀다고(중간에 몇 번 언급되지만, 별 뜻 없이 지나치듯 언급될 뿐이다.) 시인이 노래하지 않았을 것이다. 메데이아는 이아손이 고향으로 돌아갈 수 있도록 조건 없이 도왔다는 이유로(메데이아가 이아손과 결혼하겠다는 약속을 조건으로 도운 것이 아니다. 그것은 콜키스의 예법이 아니었다. 그리스인들만이 그들의 신과 계약관계로 맺어졌다고 믿었을 뿐이다.) 그리스 신들의 분노를 산다. 메데이아는 아프로디테의 속임수에 넘어갈 만큼 유약한 여신이 아니었다. 자발적으로 이아손을 구했고, 도왔고, 따라나섰다. 그 결과 메데이아는 가는 곳마다 소외되어 추방당한다. 끝없이 그녀는 유랑의 항해를 계속한다. 이아손과 오뒷세우스는 기어코 고향으로 돌아가지만, 메데이아의 항해는 머무를 항구가 없다. 이 세상의 끝에서 시작한 항해이기에 시원으로의 항해를 끝없이 해야만 할 뿐이다.

프릭소스와 헬라를 태우고 바다를 건넜던 황금숫양도 인간의 말을 할 줄 알았다. 바다가 궁금해서 눈을 아래로 향했던 헬라는 결국 바닷속 심연으로 먼저 내려가서 메데이아의 항해를 준비한다. 나중에 메데이아가 지휘하게 된 아르고호를 지름길이자 익숙한 바닷길인 헬레스폰트를 항해하지 못하도록 막음으로써 하계여행으로 인도한다. 그 전에 메데이아의 항해를 부추긴 것은 프릭소스와 결혼한 그녀의 언니 칼키오페였다. 제우스에게 번제로 바쳐진 황금숫양의 허울인 황금양털은 행운의 목표가 아니라 비극적인 운명의 징표일 뿐이다. 신들이 흠향하는 것은 연기일 뿐인데, 외피를 벗겨 걸어놓고 우상으로 섬기는 순간 비극은 시작된다. 일상의 양털은 포근하지만 그것을 금빛으로 치장하는 순간 욕망의 늪에 빠질 수밖에 없는데, 그러한 비극을 치유하는 약물을 처방하려는 큰 뜻을 세운 여사제가 메데이아이다. 그래서 메데이아는 항해에 나선다. 세상을 구할 쓰디쓴 약물을 제조해내기 위해서 자신의 가마솥에 담아야 하는 온 세상의 고통과 슬픔들을 찾으러 나서야 했다. 아니 세상을 항해하면서 자신의 몸에 생겨난 상처와 고름이 촉매제로 들어가야 비로소 독의 효능이 발생한다는 이치를 몸소 증명해 보이려고 했다.

메데이아의 항해는 배에 오르기 전, 이아스를 보호할 수 있는 약(프로메테우스의 수액)을 전달하러 헤카테 여신의 신전으로 오르는 것으로부터 시작된다. 메데이아 신화는 콜키스에 도착할 즈음

이미 쇠락해버린 이아손에게 메데이아가 다시 재생의 생명력을 불어넣어주는 시점에서 시작한다. 메데이아는 태양신 헬리오스의 손녀이면서 하계의 신인 헤카테의 여사제이자 여신 키르케의 질녀였다. 태양의 불같은 격정과 어둠의 야성적인 힘을 한몸에 지닌 여신이었다. 원초적인 에너지를 항해를 하는 동안 갈무리했다가 필요할 때 마다 그것을 폭발시켜야만 하는 존재였다. 그녀가 기항하는 곳마다 사람들을 달뜨게 만드는 디오니소스의 축제가 열렸던 이유다. 메데이아는 자신의 요구대로 이아손이 순순히 헤카테 여신에게 제물을 바치는 것을 보고, 그리스 땅에서도 자신이 여신으로 존경받을 것이라는 믿음을 아르고호에 싣고서 콜키스를 떠날 것을 결심한다. 이아손이 메데이아를 납치해간 것이 아니라, 메데이아를 여신으로 모셔간 것이다. 메데이아는 온 세상을 이롭게 하는 여신으로서의 정체성을 확인하기 위해서 콜키스를 떠나 항해에 나선 것이다.

이제 메데이아가 아르고호 항해의 안전을 담보하는 여신이 되고, 프릭소스와 칼키오페의 아들인 아르고스가 뱃길을 안내한다. 셋째 날 아르고호가 할리스 강어귀의 파플라고니아 해안에 도착했을 때, 메데이아는 헤카테 여신에게 제물을 바치고, 아르고스는 조상들로부터 물려받은 항해지침을 꺼내들고 거기에 적힌 항로를 제시한다. 그것은 지름길이 아닌 고난의 항로였다. 오뒷세우스의 항해와는 달리 메데이아의 항해는 그리스 신들이 돕지 않는다. 오히려 훼방꾼 또는 시험자가 된다. 마치 통과의례의 시련을 부과하는 역할을 맡은 것처럼 보인다. 시작부터 항해는 아이에테스 함대의 끈질긴 추적에 쫓긴다. 남동생 압쉬르토스를 인신공희의 제물로 바쳤음에도 포세이돈은 응답하지 않고 오히려 제우스는 아이아이아 섬에 사는 키르케에게 가서 속죄 의례를 치를 것을 요구한다. 아르고호는 파이아케스족의 선조인 케르키라가 사는 섬과 아틀라스의 딸 칼륍소가 사는 섬을 지나 엘렉트리스 섬으로 되돌아가게 된다. 여기서부터는 아르고호의 뱃머리 조각상이 안내하는 목소리를 따라 항해하여 키르케를 만난다. 키르케를 만나 속죄의식을 치루고 난 후 세이레네스의 달콤한 노래와 카륍디스의 목구멍과 스킬라의 동굴을 지나고 플랑크타이 바위를 통과하여 해양부족인 파이아케스인들이 사는 섬에 도착한다.

　메데이아의 항해는 파이아케스인들이 사는 스케리아섬에서 또 한 번 변곡점을 맞는다. 황금양털에 관한 이야기가 다시 등장한다. 파이에케스인들의 신성한 동굴에서 메데이아와 이아손의 첫날밤 침대보로 사용된다. 이방인을 존중하고 교역으로 번성하는 페니키아인들의 땅에서 알키노오스 왕은 결혼을 주선한다. 그 결혼은 성스러운 혼례였어야 했다. 오르페우스가 맑은 소리로 리라를 연주하지 않았던가. 메데이아는 바다의 축복을 기대하고 굳이 거기를 혼례의 장소로 선택했을 것이다. 콜키스가 이방인을 환영하는 땅이었다면, 파이아케스인들이 사는 땅은 왕래의 땅, 세 갈래의 길이 교차하는 곳을 주관하는 헤카테 여신을 섬기는 땅이었기 때문이다. 그럼에도 불구하고 신성한 결혼이 목숨을 구걸하는 방편으로 퇴락하는 장면으로 연출된 것은 이아손의 우유부단함 때문이었다. 그리스 문명에 대한 근거 없는 우월주의 때문이다. 시대를 앞서갔기에 가는 곳마다 질시를 온몸으로 견뎌내야 했던 이방의 여신은 여기서 운명이 결정 난다.

그 후에도 리비아 수호 여신들의 도움으로 배를 어깨에 둘러매고 사막을 건너고, 바다의 신 트리톤의 인도로 늪을 지나 다시 바다로 나선다. 메데이아가 모시는 여신들은 수평의 항해에는 나서지 않고 수직의 항해에만 관여한다는 점을 감안하면, 아드리아 해, 이오니아 해, 티르레니아 해, 리비아 해에서의 항해는 메데이아의 하계여행인 셈이다. 하계로의 항해를 위해 그녀는 담대해져야 했고, 초인간적이어야 했기에, 지배하려고만 하는 남성들의 눈에는 기괴하고 무서운 여인으로 보일 수밖에 없었다. 격정적이고 예측을 불허하는 존재인 그녀는 데메테르 여신의 또 다른 측면일 뿐이다. 우주의 생명을 이어가는 여신들은 남성들의 희생을 요구한다. 남성들이 사냥에 나서지 않는다면, 대를 이을 수 없기에 여신들은 남자들을 가차 없이 피 흘리는 것이 다반사인 사냥에 남성들을 내몬다. 남성들이 젊어지려면, 스스로 죽어야 하는 이치를 가르치는 여신들을 악마라고 매도해서는 안 된다.

메데이아는 결코 정착할 수 없는 운명이었다. 『아르고호의 이야기』의 끝 장면, 해변에 상륙하는 장면에서 메데이아는 아무런 역할을 하지 못한다. 평온하게 뭍에 내렸을까? 그리하여 행복하게 살았다는 결말이면 싱겁기도 하거니와, 메데이아의 속성을 모르고 하는 이야기이다. 메데이아의 항해는 계속되어야 한다. 메데이아에게 피니스테레는 육지의 끝이 아니라, 바다가 뭍 위로 올라가는 육지의 시작이다. 메데이아의 육지 항해는 험난할 수밖에 없었다. 메데이아는 바다에서 떠오르는 비너스가 아니라, 수직으로 솟구치려는 여신이었기 때문이다. 그렇다고 에우리피데스의 『메데이아』처럼 메데이아의 고난을 왜곡해서, 낯선 땅에 적응하지 못한 여인의 복수극으로 만들어서는 안 된다. 그것은 목숨을 건 하계여행을 하면서 세상을 구원하겠다는 염원을 세운 여신에 대한 모독이다.

그녀가 머물고자 했던 땅들(콜키우스, 이올코스, 코린토스, 아테네…)은 이미 그녀를 감당할 수 없는 또는 없을 세계였다. 지모신의 또 다른 측면인 야성을 벗겨내어 길들이고자 했던 남신들을 거역하는 것이 그녀의 정체성이기 때문이다. 그녀는 복수를 꿈꾼 것이 아니라, 자신의 주체성을 실현하고자 했을 뿐이다. 끝없이 남성들이 강요하는 질서를 위반하는 것이 그녀가 삶을 사랑하는 방법이다. 편안하게 정주하려는 유혹을 뿌리쳐야 하는 존재이다. 아버지를 떠나기 위해 남동생을, 남편을 버리기 위해 아들들을 여신들의 제단에 바쳐야 했다. 그래서 이아손이 배신한 것이 아니라, 메데이아가 이아손을 버리는 이야기가 제격이다. 메데이아의 항해에서 또 하나의 변곡점이 되어야할 바다와 땅의 경계, 또 하나의 쉼플레가데스에서는 이방의 여신(비너스가 탄생하는 방식이어서는 곤란하다.)이 우뚝 솟아나야 했다. 이미 더렵혀진 땅은 바다가 쓸어버려야 메데이아의 육지항해는 계속될 수 있다. 여신의 세상으로 되돌리기 위해서 모든 신화에서는 홍수가 필요했던 것이 아닐까…

   저기 바다에서 메데이아가 우리들을 자신의 항해로 따라나서라고 유혹한다. 사랑은 쟁취하는 것이 아니라, 나누는 것이다. 크리스타 볼프는 고대의 신화가 원래 가부장적이거나 여성에게 적대적이 아니었음을 알아차렸다. 남성들이 전유해버린 신화를 뒤집어엎고자 했다. 그래서 크리스타 볼프는 메데이아를 치유의 여신으로 되돌려 놓는다. 여신들의 진심이 받아들여지지 않는 세계는 여신들과 불화할 수밖에 없다. 메데이아가 고개를 쳐들수록 그녀는 이해받지 못했고, 그 고통을 견디기 어려워했다. 여신들을 떠돌게 하는 자들에게 죄를 물어야 한다! 아니 결코 끝나지 않을 이야기이기에 시작도 없었던 신화이다. 후세 사람들이 『아르고호의 이야기』에서 메데이아를 끊임없이 불러내는 이유일 것이다.

에우리피데스는 이아손의 배신을 돋들림하여 메데이아의 극단적 복수를 정당화시키는 한편, 메데이아를 여전히 '불운한 여인'에 머무르게 하는 한계를 노출한다. 세네카는 이아손의 배신이 메데이아의 모든 것을 무화시키는 폭력이라서, 메데이아는 "이제 난 메데이아야!"라고 선언하면서 스스로를 복권시켰다고 주장한다. 꼬르네이유는 이아손의 이성적인 처신의 무력함에 메데이아의 악마적 폭력성의 생동감을 대비시킨다. 오스트리아의 극작가 프란츠 그릴파르처는 『금 양모피』 3부작에서 서로 다른 문명이 만나는 시공간에서 사랑 때문에 자신을 희생하고, 절망하고, 갈등하다가 자기 정체성을 발견하려고 다시 여행을 떠나는 여인으로 메데이아를 그려낸다. 여기서 황금양털은 권력과 행복을 약속하는 징표가 아니라 악행과 결부된 저주의 상징일 뿐이다.

새로운 여신들의 신화를 창조하여 자신의 시의 틀로 삼았던 실비아 플라스는 남성 영웅들을 칭송하는 신화의 부속물로만 등장했던 엘렉트라와 메데이아를 복권시켜 자신의 시 전면에 내세운다. 실비아 플라스는 자신을 구속하는 남성들이 지배하는 세계의 '갈고리(hook)'를 뽑아내고 자유로워졌다고 노래한다. 극작가 하이너

뮐러는 이아손이 아르고호의 뱃머리 조각상에 머리를 맞아 깔려 죽는 종말이 이 신화의 핵심이라고 봤다. 달, 대지, 지하의 주인이었던 여신들을 죽이려고 기도했던 아테나 여신 스스로 이아손을 죽이게 만들었다. 피정복자였던 메데이아의 이야기를 통해 식민서사시에 감춰진 역사의 억압구조와 남성중심의 폭력적 역사의 기원을 밝혀내야 한다고 생각했는지 모른다.

메데이아는 배신에 대한 분노의 화신이 아니라, 처음부터 여신들의 정의를 실현하려고 세상을 주유하는 여신이었다. 정복자들의 바다가 아니라, 수많은 약자들이 그 바다를 항해하게 하자. 우리의 손으로 새롭게 지어낸 아르고호는 메데이아 여신에게 오르페우스의 역할을 맡기자. 바다는 조르바의 춤을 출 것이다. 심금에서 울려나오는 노래를 부를 것이다. 메데이아는 돌아갈 항구가 없는 것이 아니다. 추방당할 존재가 아니다. 헬리오스가 보낸 전차를 타고 하늘로 올라가버릴 여신이 결코 아니다. 자신의 분신인 원시의 바다를 찾아 다시 항해에 나선 메데이아가 있어서 우리는 오늘도 바다를 찾는지 모른다.

희생제의를 집전하면서 세상의 수많은 지배자 남자들의 심장을 가격했던 메데이아는 종국에는 오르페우스처럼 스스로의 몸을 찢어서 바다로 흩어 보냈음에 틀림없다. 사랑하는 동생과 두 아들을 희생 제물로 바칠 수밖에 없었던 메데이아는 그것을 자신의 희생을 예비하라는 계시로 받아들였을 것이다. 그러고 보면 메데이아의 아르고 항해는 희생제의로 시작해서 희생제의로 끝나는 셈이다. 메데이아의 항해는 스스로 희생의식의 제물이 되고, 찢어 발겨지고, 바다에 흩뿌려져서, 다시 씨앗이 되는, 예수의 삶을 다시 예비했다. 오르페우스에게 노래를 허락했던 것처럼, 메데이아가 노래하게 하자! 황금양털은 서쪽 바다 끝 석양에 매달아 놓아야 제격이다. 거기 여신 메데이아의 신전을 짓고, 우리들은 바다의 축제를 펼치고…

율리시즈, 어머니 바다를 항해하다

그리고 돛단배는 파도를 헤치고 나아갔다.
— 제임스 조이스, 『율리시즈』에서

『율리시즈』의 몰리는 블룸을 오쟁이 지워서 항해로 내몬다. 황무지 바다를 방랑하도록 문밖으로 떠민다. 잃어버린 아들을 데려오라고 명령한다. 그래서 『율리시즈』는 못난 아비와 아들을 구원하는 어머니 바다의 이야기다. 오뒷세우스가 10년 동안 누빈 지중해는 포도주 빛 바다였지만, 블룸과 스티븐이 하루 동안 헤맨 더블린 바다는 전혀 감미롭지 않았다. 스티븐에게 더블린 앞바다는 검푸른 액체 덩이를 담은 주발이었다. 블룸에게 바다는 익사한 선원들의 유령이 떠도는 우여곡절의 물속 세계였다. 끝내 되돌아가 함께 숨 쉴 수 있도록 세상의 모든 아비와 아들을 껴안아 주는 몰리의 풍만한 육체는 바다 그 자체였다.

아들이 바다로 나설 때, 한 조각 구름이 물의 씨앗을 품은 채 태양을 가리기 시작한다. 짙은 녹색의 그림자가 더블린만 전체에 드리운다. 스티븐은 샌디코브 해안의 마텔로 탑 창턱 너머로 바다 너머 북쪽 곶을 쳐다본다. 죽어가는 어머니 침상 옆에서 무릎 꿇고 기도하기를 거부했던 아들이다. 아일랜드 전체가 멕시코 만류에 씻기고 있었기 때문이다. 그리고 그는 모자를 쓰고 물푸레나무 지팡이를 들고 아비를 찾아 나선다. 열쇠는 마초들에게 넘겨 주어버린 채. 수평선에는 몽롱하게 침로를 바꾸고 있는 돛단배 한 척뿐이었다. 물 위를 걷는 예수. 바다 위를 나는 이카루스처럼 두 손을 퍼덕이면서 아비를 찾아 항해에 나선다. 아들을 버린 아비, 아니 아비를 부정한 아들처럼 바다로 나선다. 스스로 해방하기 위해서. 아니 다섯 길 바다의 익사자들을 위로하기 위하여.

샌디마운트 해변에서 스티븐은 눈을 감고 그의 구두가 난파선의 잔해들과 바다의 주름들인 조가비를 밟으면서 나는 바스락거리며 깨어지는 소리를 듣는다. 소리의 불가피한 형태라니! 바다의 낭떠러지에서 떨어지는 것들은 불가피하게도 나란히 나란히 떨어진다. 견고한 소리라니! 깨지고, 구겨지고, 갈라지고, 부서지고, 부들부들 떨리고, 삐걱거리고, 마침내 무너져내리고… 바다에서 리듬은 그렇다. 바다에서는 모든 것들이 암흑이 수태시켜 만들어진다. 바다는 이브의 배꼽 없는 배가 아니다. 바다의 엉덩이! 하얀 갈기로 거품을 일으키며 달리는 해마 마나난은 그냥 끝없이 변신할 뿐이다. 이중모음의 바다! 스티븐의 발을 붙잡는 모래들은 조수와 바람이 쌓아가는 바다 언어의 파편들이다. 암초에 걸려 난파한 고래들은 찢겨서 일용할 양식이 된다. 물에 빠져 죽어가고 있는 사람들의 비명. 파도는 뱀의 볏처럼 꿈틀거리며 익수자의 목을 휘감는다. 모든 것을 받아들이는 자궁, 모든 것을 출산하는 신부의 침상. 스티븐은 지폐를 찢어내어 그 위에 시를 써 갈겼다. 그리고 모자를 눈 위까지 잡아당겨 쓰고, 낮잠을 잤다. 하얗게 떠오르는 익사자의 시체, 시반(屍斑), 피라미 떼, 갈치, 신이 변신한 물고기, 이들이 바로 바다의 시다. 윤회의 바다.

블룸은 항해에 나서기 전 조반으로 짐승과 새들의 내장을 먹는다. 오줌 냄새가 나는 양의 콩팥을 제일 좋아하는데, 스티븐이 해변에서 바다 쪽으로 소변을 갈겼다는 것을 기억하자. 바다는 고양이 혓바닥처럼 구멍투성이다. 푸주한에서 옆집 처녀의 싱싱하고 푸짐한 바다 같은 엉덩이를 탐한다. 그때 한 조각 구름이 아침 태양을 천천히, 완전히 가리기 시작하자, 바다는 허리 굽은 노파의 음부처럼 황무지로 변한다. 독 서린 안개의 바다는 이제 아무것도 더 낳을 수가 없게 된다. 몰리의 잠자리는 그녀의 풍만한 체온으로 충분히 데워져 있었지만, 잃어버린 것들에 집착하느라 정기가 빠져버린 블룸의 몸은 이미 씨앗이 없는 수박이었다. 그래서 칼륍소는 블룸이 아들을 찾는 항해에 나서야 한다고 부추긴다. 블룸이 추구하는 윤회는 바다의 성(性)이다. 몰리에게는 씨앗이 있는 남자를 찾아 아이를 낳는 것이 윤회의 바른길이다. 블룸은 딸이 보낸 편지에 촉발되어 우선 바닷가의 소녀들을 만나러 나선다. 모자도 쓰지 않고, 열쇠도 챙기지 못한 채 더블린 시가지로 항해에 나선다.

샌디마운트 해변으로 가는 여정은 스티븐과 달리 블룸에게는 에둘러 가야 하는 길이다. 늙은 수부가 자신의 고난스러웠던 항해를 회상하는 것은 그 자체가 그렇게 파란만장이다. 오뒷세우스가 스케리아 섬의 파이아케스족 앞에서 노래하기 전에 나우시카아는 그를 목욕 시킨다. 블룸이 목욕탕으로 가는 길은 로저슨 부두에서 시작하여 선원들의 집을 지나간다. 그가 먼저 만난 사람은 더블린 검시관의 서기로 일하는 친구 맥코이다. 그는 샌디코브 해안에 발생한 익사 사건을 굳이 언급한다. 블룸은 도중에 마차에 올라타는 여인을 훔쳐보고, 물푸레나무를 좋아했던 유치원 때의 여선생을 떠올린다. 가상의 애인 마르타의 편지를 읽고 나서, 쿰 거리의 두 창녀를 떠올리고, 마르타와 마리아 앞에서 바지춤을 벗는 예수를 자신과 동일시한다. 블룸은 약국에서 레몬 향기와 비누를 사서 목욕하러 가는 중이다. 그의 하얀 나신은 목욕탕의 잔물결에 씻기면서 물 위에 나른하게 떠다니는 꽃이 된다. 익사하면 눈 깜짝할 사이에 전 생애가 떠오르게 마련이다.

오뒷세우스는 키르케의 충고에 따라 하계여행에 나서지만, 블룸은 스스로 디그넘의 장의 행렬에 참가하여 물아래 세계로의 여행에 뛰어든다. 오뒷세우스는 수직 갱도를 내려가지만, 블룸은 수평으로 항해를 한다. 장의 행렬은 네 개의 강을 건넌다. 도중에 블룸은 자신의 분신들인 스티븐과 보일런을 스치듯 바라본다. 오뒷세우스는 과거를 캐지만, 블룸은 예언을 잉태한다. 바다에서는 손톱을 바짝 깎으면 안 된다. 물갈퀴나 지느러미가 생겨나야 한다. 익수자가 헤쳐 나가야 하는 수초는 사납게 헝클어져 있기 때문이다. 블룸이 죽음의 항해를 할 때, 물의 요정 안나 리비아 플루라벨은 더블린 바다에 누워있었고, 몰리는 그녀의 침대에서 보일런을 기다리고 있었다. 디그넘의 장의 행렬을 따르는 자들은 살아 있으나 동시에 죽은 자들이었다. 더블린은 유령들이 지배하고 있는 콜리지의 바다였다. 등에 걸머진 관은 무겁다. 목욕탕에서 나온 블룸의 몸은 오히려 무거워졌다. 공동묘지에서는 생식력이 더 간절해지는데, 여기서는 정자가 왕성하게 필사적으로 헤엄치기 때문이다. 바다의 신들은 아이들이 많다. 블룸이 물에 빠져 죽지 않고 회생하는 것은 여신들의 보살핌 때문이 아니라, 여전히 몰리의 따뜻한 잠자리를 내내 욕망하기 때문이다. 바다에 물고기의 씨를 뿌리고 말겠다는 열망 때문이었다. 그래서 몰리는 암컷의 바다다.

바다에서 부는 바람은 불길하다. 뭍에서 떠밀려온 뱃사람은 물에 와서는 뭍의 이야기에 귀를 닫아야 한다. 아이올로스의 바람은 방향이 너무 많아서 오히려 오리무중이 된다. 죽음으로 가는 길이다. 태양이 정중하면 바람도 일시에 멈춘다. 바다에서 정오는 하늘을 올려다보는 순간이다. 불경스럽다. 그 순간 사방은 캄캄해지고 배는 길을 잃는다. 바다의 중심, 교차로, 거기 풍앙지(風央地)인 우체국과 신문사는 아수라장이 된다. 뱃사람들은 뭍의 이야기들을 너무 오랫동안 우려먹어서 곧 바닥이 드러난다. 이제는 스스로 소문과 소식을 지어내야 한다. 온갖 수사와 궤변이 난무한다. 입구(mouth)와 남쪽(south), 무덤(tomb)과 자궁(tomb) 사이에서, 사소하게 바닷바람이 일어난다. 그렇게 스산한 운율에 실려서 배는 더블린 바다를 항해한다.

블룸은 푸른(blue) 피(blood)다. 구원은 침례를 통해 이루어진다. 아침에 콩팥을 먹었던 블룸은 스스로 희생양이 되어야 한다. 대구는 입이 큰 만큼 제단 위에 놓이면 파란 은빛을 발한다. 한 침울한 청년으로부터 전도회를 알리는 삐라를 건네받는다. 리피강 위로 흑맥주를 실어나르는 짐배가 떠가고, 그 위로 갈매기가 선회하는 것을 보며, 오코넬 다리 위에서 자신의 몸을 던지는 대신 삐라를 둥글게 말아 던져 떠내려가게 한다. 갑판 위에서 던져준 과자 부스러기를 잡아채서 연명해야 하는 갈매기(gull)들은 우매한(dull) 블룸의 동료 뱃사람들의 그림자. 그렇게 물은 계속 흐르고 흘러야 한다. 죽은 디그넘은 낮에 운구되어 갔지만, 푸어포이 부인은 밤에 출산을 할 것이다. 뱃사람 블룸은 오후에 오쟁이를 질 것이다. 굴은 흉측하게 생겼지만, 최고의 최음제다. 피는 다산을 위해서라도 더블린을 씻어 내리는 일에 충실하여야 한다. 바다는 죽어가고 다시 태어난다. 그래서 바다의 거인은 거대하게 먹어야 한다. 구멍이 없는 여신들은 아기를 낳지 못한다. 그래서 바다는 구멍 투성이의 여신이어야 한다. 풍만해야 한다. 그렇게 바다는 윤회한다.

박물관과 도서관은 소용돌이이자 괴물이다. 뱃사람들이 피해갈 수 없는 곳이다. 명멸했던 역사와 사상들이 푸른 관속에서 여전히 요동치고 있다. 바다는 쌓아두는 곳이 아니라, 마구마구 섞는 현장이다. 폭풍우치는 밤에도 바다를 지키는 달의 신 토트는 그렇게 서로를 삼키는 물의 말을 통해 스스로 탄생했다. 그래서 우리는 고뇌의 바다를 항해하여야 한다. 『햄릿』은 아비의 유령이 어미 거트루드의 간통을 고발하는 이야기다. 『율리시즈』는 아들의 유령이 어미의 간통을 용서하는 이야기다. 블룸은 아들 루디를 태어난지 11일 만에 잃는다. 셰익스피어는 아들 햄넷이 11살 때 죽는다. 고향 스트랫포드에서는 부인 해서웨이가 바람을 피웠고, 몰리는 이클레스가 7번지의 침대에서 불륜을 행한다. 바다의 신 마나난 막 리르는 흰 갈기가 있어 바다를 달릴 수 있었고, 다리가 세 개였다. 버림을 받은 바람에 바람을 피웠던 아내 판드와 다시 결합하여 아들 아홉을 두었다. 페넬로페는 도시의 번성을 위해 20년 동안 혼음으로 헌신한다.

파도는 더블린을 넘실거리도록 덮을 것이다. 바다에서 정절은 죄악이다. 소크라테스의 어머니 파에나레테는 산파였고, 그는 변증법을 어머니에게서 배웠을 것이다. 스티븐의 어머니가 죽어가는 침상은 동시에 몰리가 간음하는 침상이다. 모든 사상과 아이들은 간음의 자식들이다. 바다는 교미하는 소리가 무성한 물고기들의 침실이다. 더블린의 바다 이랑은 밀밭처럼 이삭이 번성할 것이다.

신부와 총독은 더블린이라는 미로를 표류한다. 외다리 수병(水兵)은 절름발이라서 지팡이로 짚어가면서 더듬더듬 구걸한다. 모자는 이럴 때 벗는 것이다. 그리고 마치 표류하듯이 곳곳에 출몰하고, 음유시인처럼 뱃노래를 흥얼거린다. 구겨진 삐라는 강을 따라 흘러간다. 오뒷세우스는 심플레가데스를 피해가지만, 스티븐과 블룸은 교회와 국가의 질곡을 헤쳐나간다. 미로를 미궁으로 바꾼다. 미궁은 자궁이다. 불모의 더블린을 풍요의 바다로 탈바꿈시킨다. 일상이 신화가 된다. 바다에서의 에피파니는 파도처럼 다반사로 이루어진다. 그냥 찌질한 삶을 병치할 뿐, 높이를 주장하지 않는다. 깊이는 굳이 드러내지 않는다. 바다는 풍만한 젖가슴이고, 수박 궁둥이고, 죄의 쾌락이다. 세상의 미궁은 어머니 자궁의 양수처럼 출렁이고, 아비와 아들은 거기에서 익사하거나 태어난다.

세이렌은 뱃노래의 매혹이다. 유혹은 부드럽다. 청동빛 머리칼과

금빛 머리칼로 노래한다. 바다의 노래는 유혹이다. 오먼드 호텔은 섬이 아니다. 그냥 노래의 바다다. 바다는 넘실거리는 베일이다. 바람은 세이렌이 뜯는 하프다. 뱃사람은 답례로 뿔나팔을 불다가, 귀고막이 찢어진다. 조가비는 바다의 귀다. 파도 위의 돛, 바다로 뻗쳐 나온 곶, 거기 몰리가 속옷을 벗고 누운 호우드 언덕에 만병초꽃들이 흐드러진다. 뱃사람은 세이렌의 노래를 들어야 한다. 이것을 못 듣게 막아서는 오뒷세우스는 여전히 해적이고 폭군이다. 그래서 오뒷세이아의 바다는 불임의 바다일 뿐이다. 파도의 노래는 무너지고, 항복하고, 사라진다. 세이렌의 노래는 바다를 위무하는 뱃사람들의 노래였다. 바람은 불어 바다 퉁소를 연주했고, 블룸은 화답해서 노래했고, 푸른 꽃이 피었다(blew, blue, bloom). 바다는 되풀이되는 다성의 선율이다. 바다의 노래는 간지럽히고, 애무하고, 찰싹 때리고, 지긋이 눌러주면(tipping, tepping, tapping, topping) 푸른 혈관들이 팽창하고, 맥박이 솟구치고, 욕망이 분출한다. 생성의 화음이고 합창이다. 뱃사람이 온 힘을 모아 노래 부르고, 그렇게 인어가 태어난다. 뱃노래의 근육을 기억하라. 바다의 노래는 발기하는 맥동이다. 더블린의 피가 고동치게 하라.

배의 선교(船橋)는 주점이다. 아비와 아들은 하루 종일 리피강의 브릿지(bridge)를 건너고, 주점을 전전한다. 다리는 안경의 눈알을 이어주고, 현악기의 줄을 팽팽하게 받쳐준다. 선교에서는 두서없는 이야기들이 끝없이 떠돈다. 맹목이 되기 쉽다. 바다에서는 외눈박이 키클롭스를 피해야 한다. 해학을 즐겨라. 차라리 외발이 에이허브를 예배하자. 뱃사람은 '아무도 아니(nobody)' 여야 한다. 교수(絞首)당한 자의 성기는 발기한다. 무릇, 바다에서는 뿔 있는 짐승들을 제물로 바칠지어다. 사랑은 사랑을 사랑하는 것을 사랑한다(Love loves to love love). 모든 사람은 누군가를 사랑한다(Everybody loves somebody). 바다의 여신은 '아무도 아니'를 아무것도 아닌 것처럼 사랑한다. 그래서 더블린은 다시 파도와 물고기들이 우글거리는 어시장으로 선다. 포도주를 실은 돛배들로 가득가득 넘친다. 아비와 아들이 돛을 펼치자 수많은 물속 님프들이 화답의 노래를 부르며 따른다. 아비의 바지 앞섶이 열린다. 다산의 거품이 거칠게 인다.

해변은 불꽃놀이의 현장이다. 노을은 곡사포다. 오뒷세우스가 스케리아섬의 해변에서 나우시카와 교접하지 않은 것은 허위다. 해거름은 세계를 감싸는 은근함이고, 별들이 꽃잎처럼 태어나는 시간이다. 마리아 성당은 바다에서 탄생하는 별들을 찬양한다. 거티는 푸른 눈을 가졌고 푸른 옷을 입고 있다. 머리카락은 숱이 많았고, 암갈색이었다. 블룸은 거티의 스타킹에 유혹당한다. 소녀의 하얀 다리 끝에는 수초가 엉겨 있었다. 거티는 잠시 모자를 벗는다. 머릿결이 바람결을 일으키고, 신발을 흔든다. 블룸의 가슴에서 애욕의 악마를 불러일으킨다. 그의 눈은 그녀의 몸이 뿜는 곡선들을 빨아들인다.

그녀의 온몸이 붉게 물든다. 박명시에는 종소리가 울리고, 박쥐가 난다. 거티가 세 겹의 그물을 벗어 던지자, 야생화로 변신한다. 백열의 들불이 번져 나가고, 불꽃이 전율한다. 소녀의 등이 활처럼 휘어졌다. 로켓이 터지고 빗줄기가 쏟아졌다. 에피파니는 성과 속의 경계가 무너지는 환희다. 모든 것이 녹아내려 이슬이 되고, 세상은 부드럽게 밤으로 이어진다. 등대가 켜지기 시작하고, 볼록렌즈의 난파하는 정자들을 오목한 난자, 밤바다가 빠짐없이 빨아들이고 있었다. 밤은 밀회의 시간이다. 밤의 구름이 유령선처럼 떠갔다. 밤은 되돌아가는 제의이고, 모든 것들은 새로워진다. 바다의 변신이 그렇다. 물고기도 뱃멀미를 할까? 오쟁이 진 뱃사람들은 그래도 바다를 사랑한다. 파도가 제문을 쓴다. 지운다. 읊는다.

바다는 생명이 꿈틀거리는 자궁이다. 태아를 키우는 양의 바다(羊水)다. 언어가 태어나는 산과 병원이다. 뱃사람들이 태양신의 신성한 소들을 잡아먹어야, 뇌우가 쏟아진다. 상서로운 변형의 시간이다. 열매를 맺고 번식할 시간이다. 아비와 아들(죽은 아들 대신 거듭나서, 살아야 하는 아들)이 처음으로 조우한다. 바다의 예술가들은 다산을 위해서 피임을 거부한다. 거세당하지 않으려고, 다양한 체위의 문체를 실험한다. 기왕의 언어들은 스스로 파선(破船)하여야 한다. 파도의 파편들을 콜라주 할 뿐으로 바다의 미궁에서 표류하라. 파시파에는 희생제의에 제물인 황소와 교접한다. 그리고 혼종의 언어 미노타우로스를 낳는다. 언어의 욕정들이 서로 간음할 때, 새로운 언어가 태어나고, 다산의 고고성이 다성으로 울린다. 몰리는 풍만한 암소다. 육화하는 말들의 파도여!

여신 키르케가 지배하고 있는 아이아이아 섬은 밤의 거리다. 발푸르기스의 밤으로 가는 길이다. 밤은 질탕해야 한다. 아비와 아들은 여신의 잠자리를 거절하지 말아야 한다. 칼 대신 빗자루를 가져가라. 남자의 능력을 잃어버리지 않도록 해야 한다. 돼지가 되지 않기 위해서 몰뤼라는 최음제를 복용해야 한다. 네덜란드 유령선은 온전하게 무의식의 바다로 항해해야 하기 때문이다. 붉고 푸른 도깨비불이 횡횡한다. 형형색색의 쥐들이 들락인다. 황천(黃泉)은 황천(荒天)이다. 황천은 지하에 있지 않다. 지금 여기, 더블린이 홍수에 잠겼다. 물속 세상이다. 모든 마녀와 창녀는 여신의 현신이다. 모든 꿈은 어머니의 유령을 바다에 와서 온전하게 만나라는 키르케의 명령이다. 사내들을 길들이는 것은 창녀들이다. 성처녀의 침상을 꿀렁이게 하라. 바다가 출렁인다. 스티븐은 물푸레나무 지팡이를 휘둘러 사창가의 가스등을 깨트리고, 환상의 세계가 오히려 진정한 예술임을 선언한다. 루디가 쓰러진 자리에서 블룸은 스티븐을 일으켜 세운다. 환상이 배태한 언어들의 세계가 펼쳐진다. 난음(亂淫)과 황음(荒淫)의 바다. 바다에서는 모든 사물이 살아나서 펄떡인다. 물푸레나무 지팡이가 물결을 저어 그림자들을 흩뿌린다. 바다는 발기발기 찢어진 해면을 발기시킨다. 아비와 아들이 어머니가 된다. 거친 모래의 바다에, 조수가 물러가는 곳에, 하얀 가슴의 그림자들… 음탕함의 축복이여, 너는 너무나 아름답구나!

마부와 수부는 이야기를 실어나른다. 에우마이오스의 오두막은 노수부인 조이스가 바다 전설을 편집하는 곳이다. 굴곡졌던 길들이 펴지는 곳이다. 번문욕례(繁文縟禮)를 벗겨내는 곳이다. 항구의 주점은 외래어와 상투어, 그리고 허풍이 난무한다. 뱃사람들은 고향에 돌아와도 바로 집으로 가서는 안 된다. 먼저 배가 돌아왔다고 기적을 울려야 한다. 아비와 아들은 여기서 먼저 만나서 유대를 회복해야 한다. 앨리스 벤 볼트, 이녹 아덴, 립 밴 윙클이 그랬어야 했다. 새겨들어야 한다. 뒤틀고 뒤집어야 한다. 바다에서는 오용과 착란이 변형을 낳는다. 바다의 침대는 나누어 가져야 한다. 파넬과 보일런이 그랬다. 블룸은 거티에게서 푸이포이 부인에게로, 스티븐은 죽은 어머니에게서 몰리에게로 안내된다. 풍만한 여인은 바다의 다산성이다. 바다 이야기는 태어날 아이는 어떻게든 태어나야 한다는 주장이다.

어머니 여신에게로 가는 길은 밤의 여로다. 보행의 속도를 늦추고, 주저하듯이 문답은 유랑의 속도로 항해해야 한다. 돛이 바람을 받아주는 방향대로 갈지자걸음이어야 한다. 그렇게 반역의 아들은 죄다 희생시키고, 독하게 살아남은 독신자는 거세된 아비를 다산의 어미의 침상으로 인도한다. 결국, 어미는 아비에서 아들을 잇는 우주의 옴파로스다. 아비와 아들은 물을 끓여 코코아를 타서 마시고, 정원으로 나가, 하늘의 별과 이 층의 몰리를 쳐다보면서 오줌을 눈다. 아비와 아들과 어미는 시차(視差)의 삼각형으로 결합하고, 그것이 육화하는 윤회를 촉발한다. 윤회는 그녀가 그를 만나는 데서 시작한다(metempsychosis; met him pike hoses). 그리고 블룸은 태아의 자세로 몰리의 자궁으로 거꾸로 들어간다. 구름의 씨앗이 무한 증식한다. 세상은 비로소 제대로 홍수진다. 쓸어버림과 일어섬의 병렬. 시차들의 공생. 신생이다. 바다는 난교의 난장이다. 그래서 바다에서는 아무도 아닌 만인(Everyman)들로 넘친다. 우리의 삶은 페넬로페의 침상에서 태어나서, 페넬로페의 베틀이 수의를 짜고 푸는 대로 산다. 페넬로페의 침상은 바다 위에 무궁하게 펼쳐지고 있다.

침실을 꾸며, 여신이 꿈꾸게 하는 것은 수컷의 일이다. 오뒷세우스가 떠난 뒤에도 여신의 나무, 올리브나무는 해마다 어김없이 열매를 맺어왔다. 페넬로페의 몽상은 수컷들이 두려워했던 마녀들을 되살리는 대서사다. 주술의 장이다. 바다의 마녀들의 실체는 다산의 여신들이었다. 이시스, 다나, 타니트, 이난나, 이슈타르, 아슈타르테, 아세라, 메데이아, 칼륍소, 키르케, 세이렌, 스퀼라, 카륍뒤스⋯ 여신의 꿈은 바다처럼 풍성해야 한다. 여신들은 당신을 유혹한다.

블룸과 보일런을 구분하지 않는다. 독실한 신부에게도 안기고 싶어 하고 무구한 어린 소년도 안으려고 한다. 세상의 남자들은 여신 앞에서 모자를 고쳐 써야 한다. 바다 냄새는 몰리를 흥분시킨다. 여인의 덕목은 외설의 포용성이다. 몰리의 몸속에는 피가 끓어 넘쳐서 바다로 흘러든다. 그렇게 바다는 낳고 또 낳는다. 아비와 아들은 바닷가에서 서성거리지 말고, 바로 바다로 뛰어들어야 한다.

바다를 실제로 항해한 사람은 오뒷세우스가 아니라 페넬로페였다. 뱃사람들을 태우고 항해한 배는 몰리의 침대였다. 곡식을 까부르는 키는 바람을 일으키는 풀무, 배를 젓는 노, 배의 방향을 조정하는 키, 문을 여는 키이다. 물과 뭍의 키는 여신이 쥐고 있다. 교미하는 한 쌍의 뱀 중에서 유독 암컷을 죽인 업보로 여자가 된 예언자 테이레시아스는, 오뒷세우스에게 바다를 잊어버린 도시들을 노를 저어 항해하라고 명령했었다. 부드러운 죽음은 바다로부터 온다. 바다에서 나신은 탄생이자 죽음이다. 페넬로페와 몰리는 낮에는 의식을 짜내고 밤에는 그것을 무의식으로 풀어내는 예술가이다. 물을 사랑하는 시인은 생명을 키우는 여신이다. 바다는 'yes'라는 대긍정의 도돌이표를 무한 반복하는 시의 언어다. 몰리의 꿈은 젊은 시인을 낳는 것이었다.

오뒷세우스는 이방의 바다를 평정했다고 착각하고 바다를 저버린 배신자다. 바다를 항해하다가 익수한 사나이, 블룸은 제국의 수탈과 종교의 강압, 그리고 민족주의의 우매에 오쟁이 진 아비다. 그래서 바다를 방랑한다. 그러나 제임스의 오뒷세우스는 신들의 장난에 놀아나지 않는다. 블룸은 수고하는 인간들의 눈물로 짜디짜져 버린 바다를 살려내고자 했던 모세이자 예수였다. 셰익스피어가 돌아다 본 바다를 다시 항해했다. 그래서 블룸의 항해는 이브, 헬렌, 몰리, 그동안 위선자들이 부정하다고 경원했던 여신들을 복권시키려고 애쓰는 간곡함이다. 더블린 만에 짙은 녹색의 그림자를 드리우던 구름은 비옥의 뇌우로 쏟아진다. 마비를 푸는 샤먼의 주문이다. 말이 터지고, 생명이 태어난다. 페넬로페의 불임의 침실이었던 바다는 몰리의 풍요의 침실로 변한다. 씨앗은 바다에 뿌려지고, 바다가 지키고 키워낸다. 블룸과 스티븐 부자는 다산의 여인, 풍만한 엉덩이를 가진 여인, 몰리와 삼위일체가 된다. 생명의 말씀은 바다에서 육화한다. 등 굽은 곱사등이처럼 움푹 팬 바다를 지켜내는 것은 들끓는 양수다. 뱃사람은 세이렌에게 귀 고막을 허하라. 호우드 언덕에서 바다에 청혼하라. 미궁의 바다에서 온몸으로 바다와 교접하라. 바다는 'yes'를 무한히 행할 뿐!

남녘 바다는 핏빛이다

> 몽글고 무른 것들은 한데 모인다
> 나는 그렇게
> 뭉글어지고 물러져
> 그대의 바다에서
> 한데 어우러지리라는 것을 믿는다
> ― 한승원, 「파도; 촛불 연가 23」에서

　남녘 바다는 늘 까치노을로 시작한다. 그 바다는 핏빛이다. 남도 황톳길을 훑어내린 물길들이 모여서 그렇다. 하늘을 쳐다본 적이 없음에도 서녘 설운 땅에서조차 쫓겨난 무지렁이들이 남녘 바다로 모여들었다. 문둥이였다가 다시 빨갱이로 낙인찍혀 소외당했던 사람들이 살아갈 수 있는 곳은 안개로 찐득해진 갯벌뿐이었다. 그래서 한승원의『새터말 사람들』은『바다가 푸르다는 것은 거짓말이다』라고 목놓아 불러댔을 것이다. 그래서 임철우는 짐승의 이빨과 발톱에 찢겨나간 바다를『늑대의 바다』라고 불렀을 것이다. 남녘의 봄날은 여전히 핏빛일 수밖에 없다. 그렇게 바다는 익명의 고통을 핏빛에 절여 낸다. 중생의 바다는 대중의 것이기를 거부해왔다. 바다는 민중의 삶을 살아내려는 전장이었다.

남녘 바다는 갯가 사람들이 맨몸으로 살아가야 하는 세계다. 역사에서 소외된 땅, 땅에서 쫓겨나서 갯가 구석으로 내몰린 사람들이 서로의 몸속으로 자맥질하면서 살아가는 곳이다. 한승원의 소설은 갯가 사람들의 몸과 바다가 끈질기게 만나는 방식이다. 죽은 자들의 넋도 바다로 스며든다. 한승원은 바다, 섬, 포구를 인간의 몸과 삶으로 읽어낸다. 사람이 바닷속으로 들어가고, 바다가 사람의 몸속으로 들어오는 과정이다. 사람과 바다가 마구 섞이는 현장이다. 그렇게 맨몸과 맨몸끼리 껴안으면서 생명력을 일구어내는 것이 그들이 할 수 있는 유일한 방책이었다. 피와 피를 나누었다. 에로스와 역사가 뒤섞여 소용돌이치는 곳이 한승원의 바다. 노을이 낭자하고, 핏빛으로 끓어오를 수밖에 없다. 까치놀은 바다와 하늘의 경계가 사라지는 현상을 말한다. 거기에 갯사람들이 뛰어들면서 한승원의 소설은 시작된다.

바다는 수시로 변한다. 푸드덕거리고 번쩍거리다가도 어느새 회칠한 무덤이 된다. 등푸른 생선처럼 날뛰다가도 어느 순간 달빛 젖은 비단결이 된다. 낮의 바다와 밤의 바다가 다르다. 바다는 항상 새로운 얼굴을 한다. 생성과 소멸이 동시에 진행되는 난장이다. 바다는 개인들의 욕망이 얽혀서 뒤틀린 역사의 상흔을 갈무리한다. 사랑과 증오가 뒤섞여서 바다는 함께 갈등하고 파도는 고뇌한다. 물결은 역사에 휩쓸린 해초가 일어서고 눕는 율동이다. 순응과 저항이 공존하면서 응어리지고 삭아지기를 반복하는 것이 숨결이자 너울이다. 맺히고 풀리기를 무한 반복하는 바다는 속내는 뜨거운데 푸른 척하고 있을 뿐이다. 그런 바다에서의 삶은 그로테스크해서 오히려 아름답다. 한승원의 소설은 그런 바다의 아름다움을 잡아내 보려는 고투이다.

바다에서는 아버지가 사라지기 일쑤다. 아버지가 부재중인 바다에서는 어머니는 미망인이 될 수밖에 없다. 의지가지가 사라지는 순간부터 갯가 여인네들의 삶은 옹골차진다. 죽지 못해 살아야 하기 때문이다. 광녀가 되어야 간신히 살아진다. 지배적 언어를 가진 남정네들은 역사를 왜곡해서라도 자신을 변호할 수 있지만, 고통에 압도당하기만 하는 여인네들은 침묵하거나 무속의 언어를 장착할 수밖에 없다. 땅에 집착하는 남자들은 비나리를 통해 하늘에 아첨하지만, 바다를 있는 그대로 받아들이는 여인네들은 폭압을 참고 참다가 마지막 순간에는 목숨을 걸고 갯비나리로 맞대거리한다. 개짐-피를 갯가에 칠해서 바다를 뒤집어 놓는다. 그렇게 새로운 세상을 만들어내는 것이 갯가 여인네들의 힘이다. 한승원은 바다의 물결에는 두 가지가 있다고 한다. 하나는 '무너지면서 휩쓰는' 것이고, 다른 하나는 '감기면서 거꾸러지는' 것이다. 무너지고 거꾸러지는 것이야말로 바다의 힘이다. 그렇게 무기력해만 보이던 바다가 세상을 휩쓸고 일어서게 하는 힘은 갯가 여인네들로부터 비롯한다. 갯가의 여인들은 저마다의 상처를 온몸으로 받아내어 함께 나누는 것에 익숙하다. 그래서 마디마디가 매듭진 함초처럼 강인하다. 갯가에 사는 여인네들은 남자보다 담대해서 갯벌을 살아나게 했다.

폭압적인 남성성을 포용하고, 훼손된 성을 오히려 복원해내는 것은 여성성의 바다다. 바다는 한숨을 삭여서 숨을 고른다. 잉태해낸 생명이 스러지면 바다는 그저 받아들인다. 바다 밑을 살찌우는 고기의 팔딱임을 믿고 살아간다. 바다는 자궁이다. 바다는 관능이 제대로 춤출 수 있는 곳이다. 모든 것을 삼켜버리는 수심 깊은 미궁이다. 회귀의 바다. 핏빛 어둠으로 들어가는 동굴이자 생명을 길러 내는 시원의 샘이다. 바다는 '아기봇골'이다. 바다를 들랑거릴 수 있는 것은 달이다. 생명을 품은 구멍으로 미만한 바다를 살찌우는 것은 해의 폭력을 참아내는 달의 끈질긴 힘(忍力)이다. 물고기들의 알을 부화하게 하는 것은 무한정으로 당기는 달의 힘(引力)이다. 그래서 바다에는 우주가 담길 수 있는 것이다.

한승원의 바다에서 여자는 원시적 생명력으로 끓어오른다. 무력하게 무너지기만 하는데, 어느새 번듯하게 일어선다. 출렁이고 들썩

거리는 바다 같은 여자. 누구나 거기에 잠기면 허우적거리지 않을 수 없다. 바다는 송장시염을 가르쳐주면서 함께 빠져 죽자고 권하는 「낙지 같은 여자」가 살아가는 어둠의 동굴이다. 「불배」의 꿈틀거리는 불이 그 여자의 살갗 속으로 들어오면 속수무책이다. 바위샘 속의 물에다 불비를 쏟아 넣어서라도 신의 딸을 범해야 바다가 살아난다. 밤바다에서는 바위섬이 흘레붙는다고 상상할 수 있을 때, 바다는 물고기로 넘쳐난다. 물과 불이 교접하는 바다에는 안개가 자욱하기 마련이다. 한승원의 바다는 『불의 딸』이 사는 곳이다. 밤마다 별들을 품에 안아 애무하는 바다다. 무엇이든 먹어 삼키는 무서운 흡입력의 바다다.

바다에는 물과 불이 섞여든다. 안개는 빛과 어둠의 경계가 사라지는 현상이다. 안개가 밀려들면 갯가의 산천은 흥건히 젖어버린다. 좌우의 쟁투가 심해질수록 아버지라는 사람들은 모호해진다. 그렇게 아버지가 부재하면 세상은 불안해진다. 여인들의 수난사가 시작된다. 못난 수컷들의 폭력에 유린당한 누이들의 울음소리는 대기 속으로 사라지지 못한다. 안개 속으로 스며든다. 안개로 맺힌다. 바다-안개는 고통의 기억을 되살려내는 바다의 방식이다. 역사의 생채기가 짜낸 진물로 안개가 더욱 무성해진다. 핏빛이었던 낮 안개는 밤으로 접어들면서 시나브로 희붐해진다. 바다는 곧 어둠의 장막을 드리우기 때문이다. 점점 채도와 명도가 낮아진다. 밤에 안개가 짙어지면 숨죽여야 했던 울음소리들이 다시 살아나 술렁거리기 시작한다. 물-소리 방울에 맺힌 울음들을 밤안개는 전염의 방식으로 증폭시킨다. 묘한 것은 그렇게 안개 끼는 시간이 길어질수록 그 해 바다에는 풍년이 든다는 사실이다. 바다는 안개-소리를 보듬어서 다시 물-생명을 키워내는 연체동물이다.

한승원의 고향 신덕리는 원래 섬이었다. 고향으로 돌아온 주인공들은 하나 같이 그 고향에서도 겉돈다. 표류하는 배에 누워있는 자신을 발견한다. 이왕 놓쳐버린 시간이 흘러가는 데까지 흘러가 보려고 한다. 섬은 우울하다. 그래서 차라리 유배당하고 싶어 한다. 로빈슨 크루소가 되려고 하지 않는다. 섬들도 떠다니기 때문이다. 연잎처럼 떠서 일렁거린다. 심연으로 가라앉아버릴 것만 같다. 섬에 와서 비로소 자유로워지고 싶어진다. 제대로 내면으로 갇혀야 자유로워진다. 섬은 바다와 섞여야 한다. 바다가 몸속으로 들어와야 한다. 바다는 '달 몸살'하는 것들의 세계다. 섬의 바다에서는 바닷물이 몸으로 들고난다. 그러고 보면 키조개를 키워내는 것은 달 몸살의 신열인 셈이다. 평생을 섬처럼 살아온 사람은 섬에 와서야 바다가 될 수 있다. 섬처럼 바다 바닥에 닻을 내린 멍텅구리배에서 젓새우가 잡힌다. 그 젓새우가 한승원이 평생을 쫓은 모비딕인 셈이다.

한승원 소설의 화자가 고향에 돌아갈 때는 항상 붉은 노을이 지는 저녁 시간이다. 신화에 접속하는 시간으로는 노을빛 물든 바다가 제격이기 때문일 것이다. 바다는 여전히 신화적 상상력이 작동하는 곳이다. '물에 밥 던져줄 사람'은 '제물로 물에 던져질 사람'이다. 뱃사람이 바닷물에 빠져 죽으면 '물아래긴서방'이 된다. 그가 탔던 배에 해꼬지 하지 않도록 하기 위해선 그에게 밥을 던져줄 여인이 또 필요하다고 꾸며야 했다. 그러고서는 바다로 밀어뜨린 희생제물이 스스로 바다로 뛰어들었다고 왜곡했다. 여인이 물귀신에게 홀려서라고 우겼다. 무사항해는 구실일 뿐이다. 바다의 속사정은 여인이 바닷속으로 들어가야 들을 수 있기 때문이라고 이실직고해야 마땅하다. 여인들을 삼킨 바다는 끊임없이 전복(顚覆)을 획책하고 도모한다. 바다는 저세상 모든 것을 심연으로 끌어내렸다가 다시 이 세상으로 돌려보내려는 판소리 한판이다. 갯비나리 굿판이다.

갯비나리 굿판이 끝날쯤이면 바다에는 연꽃이 피기 시작한다. 연꽃은 어둠의 바다에서 힘들게 눈을 뜨듯이 피는 꽃이다. 바다는 섣부르게 화해와 용서를 말하지 않는다. 바다는 측량을 허락하지 않는 어둠이다. 바다는 천사가 살만한 곳이 아니라서 아무 꽃이나 피워내지 않는다. 가진 것 다 버리고 바다를 건너 저승에 간 사람들이 피워올린 꽃이 연꽃이다. 익명의 죽음들이 바다로 가서야 피워낼 수 있는 꽃이다. 갯가 사람들의 한스러움과 아픔을 풀어내는 것은 바다를 통해서만 가능하다. 갯가 사람들의 가슴속에 피는 꽃, 연꽃으로 바다는 개벽한다. 피가 살아 오르는 꽃, 죽은 사람이 살아나는 꽃이 바다-연꽃이다. 갯강구와 짱뚱어가 갯가 사람들과 함께 어울려 사는 서천꽃밭은 혼례의 바다다. 뭇 생명의 순환을 담보하고 그 생명들이 서로 관계를 맺으면서 자기실현을 하도록 보장하는 곳이 바다다. 그것이 곧 '화엄바다'가 아니고 무엇이겠는가. 거기 늙은 암소처럼 엎드려 있는 앞바다에서 소박하게 삶을 꾸리는 갯가 사람들이 바로 부처가 아니겠는가. 갯가 사람들은 어느새 무구한 바다가 되어 있었다. 넘어지고 넘어지면서 차별이 없어지는 원융의 바다, 해인(海印)의 '물구바다'다. 해마다 봄은 그렇게 남녘 바다에서부터 핏빛으로 시작한다.

한승원의 소설은 지금 여기 살아가는 사람들을 위한 신화다. 신화적 여성성을 복원해나가는 이야기다. 바다의 핏속에 면면히 흐르고 있는 생명력이 역사의 상처를 치유해 나가는 이야기다. 그것은 작가의 몸속에 깃든 어둠을, 작가가 살아가는 바다를 꺼내는 일이다. 바다가 스스로 속내를 드러내는 파도의 방식이다. 끝없이 나열하고 되풀이하는 가운데 물살을 비끄러맨다. 썰물과 밀물의 리듬으로 바다를 맺히게 하다가 풀어낸다. 켜켜이 쌓이면서 짙어지는 색깔이다. 물너울 속에서 더러는 허우적거리기도 하겠지만, 결국에는 물무섬증을 극복하게 된다. 한승원의 문체는 천경자의 원색 화폭을 닮았다. 세상의 모든 소리를 응축해내는 시나위 가락이다. 그렇게 바다와 갯가의 사람들이 유대의 손을 맞잡게 한다. 그의 문체는 바다 그 자체다. 인간의 삶을 바다로 바꾸어 읽어낸다. 남녘의 한을 바다로 풀어낸다. 바다는 받아쓰기다. 짭짤한 소금기로 그윽하다. 한승원의 귀향은 핏빛 노을과 함께 시작한다. 그의 소설이 비극적인 역사와 삶에 대한 치열한 물음의 방식이었기 때문이다. 바다를 끈질기게 새롭게 읽어내기였기 때문이다. 그의 글쓰기는 치열한 '바다-되기'였다.

3부

J.M.W.Turner
The Bell Rock Lighthouse(1819)

피터 팬은 해적이다

> 태양과 바다가 영원히 지배하는 곳에서는 어디서나
> 즐기고 고통하고 표현하는 일로 만족하는 것이 마땅하다.
> ― 장 그르니에, 『섬』에서

네버, 네버, 네버랜드는 목동의 신, 판(Pan)의 섬이다. 오뒷세우스가 집을 비운 사이, 페넬로페가 모든 구혼자와 관계하여 판을 낳는다. 판은 인간의 얼굴을 한 염소이고, 그래서 "모든 이"라는 이름을 가졌다. 고대 지중해를 누볐던 악동이자 해적이었다. 판은 달의 여신 셀레네와 사랑을 나누고, 숲의 님페 시링크스를 뒤쫓다가 그녀가 갈대로 변신하자 피리로 만들어 불고 다녔다. 죽은 아이가 무덤으로 갈 때 무섭지 않도록 동행한다. 잃어버린 아이들과 함께 산다. 그래서 올림포스산의 신들은 판을 보고 즐거워하였다.

시키는 대로 하기를 싫어해서, 자라길 거부하는 소년에게는 꿈을 펼칠 수 있는 섬이 필요하다. 육지의 답답한 굴레에 갇힐 수 없는 소년들은 탈출을 감행한 후 살아갈 섬에서 상상력의 공간을 가꾸어야 한다. 피노키오를 보살피면서 점점 자라서 엄마가 되는 파란 요정과 달리, 웬디는 섬에서 누나인 채로 엄마가 된다. 사람이 되고자 하는 피노키오와 달리, 피터 팬은 해적이 되려고 한다.

네버랜드는 이 세상 아이들의 머릿속에 있는 섬이다. 아이들이 마음 가는 대로 긋는 선들이 해도 위에 각자의 섬을 만들어낸다. 거기 섬에는 신드밧드가 여행했던 섬에서처럼 동굴에서는 강이 흐르고, 비스듬한 돛대를 가진 해적선이 앞바다에 떠 있어야 제격이다. 호수들이 홍학 위로 날고, 홍학이 호수 위로 가끔 날기도 한다. 배를 뒤집어 놓으면 집이 되고, 언제라도 마음먹을 때 바로 바다로 항해하기 위해서 배를 뭍에다 표착시켜둔다. 그래서 더는 네버랜드에 갈 수 없는 어른도 잠들기 전에는 파도 소리를 들을 수 있다.

피터 팬은 아이들의 꿈속을 창문으로 드나든다. 그 창문은 작은 별들이 보낸 바람이 열어준다. 피터 팬은 네버랜드의 진실을 가린 장막을 찢어발기고 세상으로 나타났다가 그림자가 창문에 붙들린다. 그림자가 몸에서 떨어질 수 있다니… 보모 나나는 그림자를 창밖에 걸어놓지만, 달링 부인은 굳이 그림자를 돌돌 말아 서랍 속에 감춘다. 어른들의 한계다. 팅커 벨이 찾아낸 그림자는 웬디가 꿰매주어야 피터 팬의 몸으로 돌아간다. 물방울들이 합쳐져 한 몸이 되듯이… 결코 달링 씨의 것이 될 수 없었던 달링 부인의 입술에 달린 키스는 피터 팬을 위해 아껴둔 것이었다. 아이들의 세계에서 키스는 골무와 도토리 주고받기이고, 그런 마음으로 타인에게 건네는 키스는 사람의 목숨을 구하는 덕목이기도 하다. 갓 태어난 아기가 짓는 웃음들이 부서져서 요정이 되는 세상은 얼마나 아름다운가. 피터 팬은 첫 웃음을 고스란히 간직하고 있는 존재이다. 이제 우리는 요정을 믿을 수 있어야 한다. 웬디는 피터 팬과 아이들에게 이야기를 들려주려고 별들이 내어주는 길을 나선다.

네버랜드로 가는 길은 두 번째 골목에서 오른쪽으로 간 다음 아침까지 쭉 간다. 비록 피터 팬은 아무렇게나 말했더라도, 바다로 가는 길은 항상 그렇다. 두 번째 바다를 날아가는 세 번째 밤쯤이면 불안해지게 마련이지만, 바다를 항해하는 일은 상어들의 꼬리를 훑듯이 만지는 느낌이고, 인어의 비늘을 스치듯이 구름에 부딪히는 일이다. 네버랜드는 애써 찾아가야만 하는 곳이 아니라, 늘 발견을 기다리는 섬이라서 아이들이라면 누구나 쉽게 찾을 수 있다. 공중에서 까치발로 서서 보면 거북이들이 모래밭에 알을 파묻는 것이 보이는 곳이다. 네버랜드에서는 배를 태워버려도 뱃전만 약간 부서진 채 말짱하다.

피터 팬 일행이 네버랜드에서 처음 맞닥뜨리는 무리는 해적들이었다. 후크 선장 일당이 대포를 쏘며 맞는다. 해적들은 잃어버린 아이들을 쫓고 있었고, 모습을 나타내기 전에 무시무시한 노래를 먼저 불렀다. 후크 선장의 눈은 물망초와 같은 푸른색에다, 깊은 우울함을 담고 있었다. 푸른 바다는 귀족의 혈통이라서, 후크처럼 사악해질수록 정중하다. 후크 선장은 자신이, 바다가 피를 흘리는 것을 두려워했다. 자신의 팔을 자른 피터 팬을 존경했다. 피터 팬이 후크 선장의 오른손을 잘라 악어에게 준다. 후크 선장은 악어가 함께 삼킨 시계 소리 덕분에 악어를 피해 두려움 속에서도 바다를 누빌 수 있게 된다. 바다는 시간 자체이다.

팅커 벨은 투틀즈를 사주하여 웬디를 활로 쏘아 떨어지게 한다. 잃어버린 아이들이 자신들을 돌보아 줄 엄마를 죽인 것이다. 웬디는 흰 새였다. 그렇게 희생양이 되었다가 피터 팬이 준 도토리 단추, 키스 덕분에 살아난 웬디는 네버랜드의 여신이 된다. 네버랜드의 아이들은 웬디를 위해 신전을 세우고, 피터 팬은 웬디 여신의 사제가 된다. 네버랜드는 신화의 세계이고 상상이 더 현실적인 세계다. 네버랜드에서는 꼭 의사의 치료 행위가 없어도, 누구라도 모자를 빌려 쓰고 의사가 되어 환자를 살려낼 수 있다. 여신은 꿈꾸면서 노래 부르면서 세상을 구원한다. 페넬로페가 돌아온 오뒷세우스를 용서하고 이타케섬을 살려냈듯이…

피터 팬과 후크 선장의 처음 결투는 동료들로부터 버림받은 해적들이 목숨을 부지해야 하는 바위 위에서 벌어진다. 햇볕 쬐기를 즐기던 인어들이 웬디의 발목을 잡아끌고, 해적들은 웬디를 납치하여 엄마로 삼으려고 한다. 어두운 기질의 해적들에게도 여성스러운 면이 있기 마련이다. 피터 팬이 자신을 후크 선장이라고 주장하자, 후크 선장은 순간 정체성의 혼란을 느낀다. 후크 선장이 악어에게 쫓기는 바람에 싸움은 무승부로 끝나고, 웬디를 마이클의 연에 태워 보낸 뒤, 바닷물에 삼켜지기를 기다릴 수밖에 없었던 피터 팬은 네버 새가 양보한 둥지를 타고 해안에 도착한다. 네버 새가 피터 팬이 젖니를 그대로 가진 것을 보고 모성을 작동시킨 것이다. 한편 네버 새는 해적 스타키의 모자를 타고 섬에 도착한다.

잃어버린 아이들은 엄마 아빠 놀이를 하다가 엄마의 사랑을 깨닫게 되고, 집으로 돌아가려고 나무에 낸 문을 나서다가 차례로 해적들에게 붙잡혀서 배에 옮겨진다. 웬디를 구하러 나선 피터 팬은 바다로 곧장 뛰어든다. 웬디의 망토를 두른 피터 팬을 보고 해적들은 요나라고 여기고 배의 안전을 위해서 그를 배 밖으로 던져버리려고 한다. 마침내 피터 팬을 맞닥뜨린 후크 선장이 그의 정체를 밝히라고 요구하자 피터 팬은 "난 젊음이자, 기쁨이야."라고 선언한다. 후크 선장은 만족스러운 마음으로 뱃전에 올라서서 이제는 뱃속의 시계가 작동하지 않는 악어에게로 떨어져 삼켜진다. 후크 선장은 아이들의 영원한 우상, 바다의 전설로 남게 된 것이다. 그리고 피터 팬은

이 세상 엄마들의 입술에 담긴 골무, 키스를 기억하면서 자라지 않는 소년으로 남는다.

문명인이 되기를 거부하는 어른들은 모두 피터 팬이다. 사랑에 서툴러서 외로운 사람들이 모이면 해적이 된다. 해적의 삶은 낭만적이다. 후크 선장의 생각은 어두웠지만 그의 푸른 눈동자는 부드러웠다. 그는 자신의 졸개들에게 둘러싸여 있을 때 가장 고독했다. 그가 피터 팬을 죽이려 하는 이유도, 피터 팬의 건방져 보일 정도로 정정당당함이 그의 신경을 자극했기 때문이었다. 해적들의 삶은 러다이트 운동처럼 파괴적이지 않지만, 자신들의 분방한 방식을 고수하는 해적선 갑판 위의 활기가 폭풍처럼 거대한 흐름을 만들어낸다. 자라지 않는 판, 오뒷세우스는 다시 유랑의 길에 나선다. 해적은 섬에 안주하면 안 된다. 다시 바다로 나서야 한다. 웬디는 나이 들어 죽지만 그녀의 딸들이 계속해서 피터 팬과 함께 네버랜드로 날아간다. 네버랜드로 항해하기 위해서는 쾌활하고 순수해야 하고 그러면서도 정에 끌리지 않아야 한다. 이제 우리도 요정을 믿어보자. 팅커벨을 살리기 위해서라도… 네버랜드에서 요정이 태어날 때마다, 우리들의 세상에서도 아기가 새로 태어난다. 요정들과 아이들은 바다에서 만나 춤춘다. 피터 팬과 후크 선장이 바다에서 만나 서로를 존중하면서 한판 대결을 펼치듯이… 그리고 영원히 자라기를 거부하는 피터에겐 무엇보다도 엄마가 필요하다는 것을 기억하자.

피노키오와 요나의 삼켜진 바다

> 나를 바다에 던져 넣으십시오.
> 그러면 바다가 잔잔해질 것입니다.
> — 구약성경 「요나」에서

피노키오는 상어에게 후루룩 삼켜져서 상어의 위벽으로 떨어진다. 주위는 온통 어둠이었고, 그 순간 자신이 엉뚱하게도 잉크병 속에 처박혔다고 생각한다. 당나귀 귀가 물고기에 뜯어먹혀 사라졌음에도, 소리를 들으려고 귀를 기울인다. 어둠 속에서 울리는 소리를 상어 뱃속의 위산으로 풀어쓰는 것이 피노키오의 바다 이야기다.

피노키오가 바다로 가기 위해서는 발이 사라져야 했다. 다리는 육지에서나 소용되는 것이기 때문이다. 피노키오는 원래 조그만 탁자 다리가 되는 것으로 예정되어 있었다. 사기꾼이자 강도였던 여우는 절름발이 흉내를 내고 고양이는 장님으로 가장한다. 피노키오의 입을 강제로 열려다가 고양이는 오른쪽 앞발이 잘린다. 감옥에서 풀려난 피노키오가 요정의 집으로 가는 수렁 길에서 만난 초록색 뱀에 놀라 넘어지고, 포도를 따 먹으려다 족제비 덫에 발이 걸리고 만다. 당나귀로 변해서는 다리에 채찍질을 당한다. 서커스 공연에서 굴렁쇠에 뒷다리가 걸려서 넘어지는 바람에 절름발이가 된다. 아버지 제페토가 만들어준 피노키오의 발은 화로에 담긴 숯불에 타서 재로 변해버려서 다시 만들어야 했다. 피노키오는 코가 길어지는 거짓말을 할 줄 알지만, 다리가 짧아지는 거짓말은 할 줄 몰라서 바다로 가야 했다.

맨 처음 피노키오는 나무토막 상태로 목수 버찌 할아버지의 작업장에 던져지듯이 불쑥 나타난다. 바다를 헤엄치다가 파도에 휩쓸려 바닷가 모래 위에 내던져진다. 위장한 강도들에 의하여 떡갈나무에 매달리게 된다. 개처럼 목에 줄이 묶인다. 튀김용으로 프라이팬에 던져질 뻔하다가, 그물에 갇히기도 한다. 피노키오는 위에서 아래로 던져진 존재였으나, 바닷속으로 스스로 뛰어든다. 하이데거를 불러올 필요도 없이, 던져진 존재에서 벗어나서 스스로를 던지는 행위야말로 신생하겠다는 의지였다. 꼭두각시의 팔다리에 매여진 줄을 끊어내려는 고투였다.

피노키오가 바다로 가는 여정은 반복적으로 이루어진다. 바다로 가는 것은 단번에 이루어지는 일이 아니라는 거다. 아버지 제페토가 자신을 찾으러 바다로 가기 위해 조각배를 만들고 있다는 소식을 전해 듣고 비둘기 등에 올라타 바다로 간다. 파도에 휩쓸리고 있는 아버지를 구하려는 마음에 본능적으로 벼랑에서 격랑의 바다로 뛰어든다. 학교를 빼먹고 상어를 보러 가자는 친구들의 유혹에 넘어가 바닷가로 갔다가 정작 상어는 보지 못하고, 오히려 경찰견에 쫓겨 바다로 뛰어든다. 개구리처럼 뛰어올라 멋지게 물속으로 뛰어든다. 동굴 안에 사는 못생긴 초록 어부의 그물에 걸려 잡혔다가, 튀김이 되어 어부의 뱃속에 들어가 소화될 뻔하다가, 경찰견 알리도르가 입으로 물어내 살려낸다. '장난감 나라'로 가자는 친구의 유혹을 못 이겨내고, 당나귀가 되어 서커스 단장에게 팔려 갔다가, 다시 북 만드는 사람에게 팔려가서 '가죽 벗김'을 당하기 위해서 목에 돌멩이를 매단 채 바닷물에 담가진다. 물고기들이 당나귀 살들을 뜯어 먹는 바람에 오히려 꼭두각시의 몸을 돌려받지만, 다시 난로에 던져질 운명을 피해 물속으로 뛰어든다. 이때는 아버지를 구하기 위해서가 아니라 자신을 구하기 위해서였지만, 상어에게 삼켜지고, 뜻밖에도 상어의 뱃속에서 아버지를 다시 만난다. 그리고 아버지를 어깨 위에 앉힌 채로 요나처럼 바다로 토해지는 것이 아니라, 다시 바다로 뛰어든다.

요나는 고래 뱃속에서, 피노키오는 상어 뱃속에서 살아 나온다. '삼킨다'와 '삼켜진다'는 행위가 바로 수많은 신화가 변주해내는 하계여행, 변신과 다르지 않다. 피노키오는 '하지만'의 화신이다. 그는 항상 어깃장을 놓는다. 아버지를 배반하고, 법을 위반한다. 파란 요정의 선의를 '하지만'으로 뒤집어 이야기를 끌어간다. 그 끝없는 '하지만'들이 변신의 동력이었음을 인정하자. 폴 오스터가 말하는 '우연'의 운명, 삶, 예술을 피노키오는 선점하고 있다. 무슨 행동을 하거나, 심지어는 말을 함으로써 무슨 일이든 발생하지만, 미처 행하지 못하거나 차마 말하지 못해서 생긴 우연도 많다는 것이다. 달이 차오르는 것도 보기 좋지만 이지러지는 것에도 마음을 쓸 수 있어야, 우리는 세상을 제대로 이해할 수 있다.

피노키오를 상어의 뱃속에서 살려낸 것은 아버지가 2년 동안 켜놓은 푸르스름한 촛불이었다. 밤하늘의 푸릇한 달빛이었다. 파란 요정, 초록 뱀, 파란색의 염소는 바다였다. 당나귀가 다시 나무 인형으로 돌아갈 수 있었던 것은 물고기들의 유희, 바닷물의 연금술, 무변대해(無邊大海)의 장난 때문이었다. '바다에서의 변화(sea-change)'라는 것은 이런 것이다. 바닷속에서는 입도 닫아야 하지만 커졌던 코, 귀가 줄어들어야 한다. 온몸의 살점이 뜯겨나가야 나무의 본래 질료 상태로 돌아갈 수 있는 것이다. 삶의 비늘을 벗겨내어야 피노키오가 사람으로 신생할 수 있다는 말이다. 이것이 바다에서만 이루어지는, 덜어내어야 비로소 가능해지는 거꾸로 된 창조일 것이다. 어느 순간에도 멈추지 않는 바다, 아무리 오래 들여다보아도 변한 것이 없어 보이는 은밀함, 물거품과 물거품들 사이에 들어서는 틈새들, 그 여유와 여백 속에 들어서는 물속 달의 상상력….

박완서 작가의 마지막 작품 「석양에 등을 지고 그림자를 밟다」는 요나에 관한 이야기가 모티프다. 요나 이야기를 그림으로 표현한 작품들이 많은데 그중에서도 조토의 〈요나〉가 박완서 작가의 이 작품의 분위기와 가장 닮았다. 요나가 고래에게 삼켜지면서 두 다리로 발버둥치는 장면은 종교의 영역이 아니라 예술의 영역이다. 주어진 대로 최선을 다한 내가 뭘 잘못했기에 이런 벌을 받아야만 하는가? 저마다의 개별적인 원망을 인류 보편의 원죄라고 눙치려고 해서는 안 된다. 시대의 모순과 시절의 불합리함에 항거하는 자세로 증언하도록 내버려 두는 것이 최소한의 예의다. 스스로 부재하고 싶다는 욕망이 작가에게 이탈리아로 떠나는 비행기 안에서부터 오한을 일으킨다. 삶을 여유롭게 즐기기 위해 비행기(비행기는 또 하나의 고래 뱃속이다.)에 오른 것이 아니라 삶을 뒤돌아보기 위해서 여행길에 오른 것이기에 신열이 날 수밖에 없다. 고통을 삭이기 위해, 불 속으로 스스로 몸을 던졌기 때문에 위산의 고통을 견뎌내야 했다. 그리고 시칠리아로 가는 노정에서 기차를 통째로 배에 싣고 가는 장면에서(아버지 제페토를 찾아 나선 피노키오가 만난 돌고래는 육 층짜리 집처럼 커다란 상어가 기차를 통째로 삼킬 수 있다고 말한다.), 작가는 우리의 삶 전체가 처음부터 고래의 뱃속이라는 것을 깨닫는다. 그리고 작가는 가망 없는 환자를 비행기에 태워 호스트해 가야만 했던 아들의 첫 비행기 여행을 떠올릴 수밖에 없다. 우리의 삶 자체가 저마다의 죽음을 싣고 고래뱃속에서 헤매는 것이라는 걸 깨닫고 나서, 작가는 비로소 입안에 군침이 돌고 살맛이 난다. 고래의 뱃속은 처음부터 살만한 곳이다.

스스로를 부정할 때 피노키오의 코는 자라난다. 세상을 거부할 수 있어야 한다. '하지만'이 있어야 세상은 우리를 용서한다. 바다에서는 피노키오의 코가 무한히 커져도 불편하지 않다. 오히려 물에 잘 뜰 수 있어서 헤엄치는 데 도움이 되고, 훌륭한 지느러미로 변신한다. 장난감 나라에서는 코 대신 귀가 자란다. 피노키오는 발에 상처가 나서 귀가 자라는 거라고 스스로를 위안한다. 하지만, 귀가 아프다는 것은 변화의 조짐이다. 발이 없어서 걸어갈 수 없는 상태를 절망이라고 한다. 그래서 절망할수록 귀가 자라는 거다. 그렇게 발을 빼앗긴 자들이 가야만 하는 하계의 바다는 난장이다. 삶을 옥죄는 법의 테두리 바깥이다. 모든 것을 생성하고 변화시키는 자궁이다. 바닷물은 피노키오를 해체한 후에 되살려낸다. 물고기들은 피노키오의 입, 귀, 목덜미, 갈기, 다리, 꼬리를 먹어 치우지만, 코는 건드리지 않는다. 진실은 삼키기 어렵다. 껍데기를 도려내야 진실이 드러난다. 피노키오는 마지막에 파란색 염소의 울음에 이끌려 하얀 바위로 헤엄쳐 가다가 상어에게 삼켜진다. 바다에서 삼켜진다는 것은 희생제물이 되는 거다. 토해진다는 것은 이런 고통 속에 이루어지는 애도이다. 삼켜짐의 황홀경, 주이상스…. 피노키오가 제페토 할아버지를 어깨 위에 태우고 헤엄을 치기 시작하자, 달빛이 바다 위를 환하게 비춘다.

보물섬과 산호섬에는 파리대왕이 산다

> 정오 무렵에 보트를 찾아가던 중 바닷가 모래 사장에 뚜렷하게 남아있는 사람의 발자국을 발견하고 나는 소스라치게 놀랐다.
> — 다니엘 디포, 『로빈슨 크루소』에서

파도는 늘 물구나무선다. 『파리대왕』의 금발(fair) 소년 랠프는 비행기 추락 현장에서 물구나무선다. 그리고 바다를 향해서 물구나무선다. 『보물섬』과 『산호섬』의 허구를 뒤엎겠다는 의지다. 항상 올바르다고 착각하는 세상 규칙들을 끝없이 뒤엎는 것이 바다다. 예언자 사이먼은 바다의 아가리 속으로 삼켜진다. 끝내 랠프의 소라는 수천 조각으로 박살이 나면서 하얗게 변색하고, 로저가 성채에서 굴려 내린 바위에 맞아 으깨지는 돼지는 뒤집힌 자세로 바다로 추락하고, 물결은 희고 붉은 거품으로 끓어오른다. 문명의 틈입으로 생채기 난 원시림의 어둠은 바알세불로 부풀어 올라 암청색의 바다로 휩쓸려 간다.

아이들을 불러모으는 힘을 소라는 바다에서 건져 올린다. 소라의 거친 소리는 숲을 깨우고 새들이 노래 부르게 한다. 소라는 발언권을 주지만, 승복하게 하지는 못한다. 숲속의 짐승들을 들끓게 하고, 인간 내면에 숨어 있는 악마를 불러온다. 소라가 바다를 떠나 뭍으로 올라가면 헛것을 보여주고 신기루를 들려준다. 사냥을 성가대원들에게 맡길 일이 아니었다. 더구나 봉화를 피워올리는 일을 사냥부 대원들에게 맡겨서는 안 되는 일이었다. 불은 주로 고기를 굽는 데 사용되지만, 정작 불을 피워낸 것은 돼지의 안경이다. 잭의 사냥부대가 붙인 불은 온 숲을 태워서 랠프를 토끼몰이하는 데 사용되고, 그래서 랠프는 해변으로 뛰쳐나오듯 추방되어, 해군 장교가 서 있는 뒤쪽으로 바다에 떠 있는 배를 보게 된다. 재미있는 놀이였었나!

『파리대왕』의 아이들은 배를 만들려고 생각하지 않는다. 아버지가 해군이고, 여왕이 모든 섬의 해도를 갖고 있고, 영국의 배들이 온 바다를 지배하고 있다고 믿기 때문이었다. 섬에서 구원받는 길은 어떻게든 살아남아 봉화를 켜고 있으면 된다는 것이다. 봉화로 타올랐던 통나무는 흰 재가 되어 주저앉는다. 『산호섬』의 아이들은 봉화를 피울 생각을 하지 않는다. 난파당한 뒤 살아남은 소년들은 바로 식민지 건설에 나선다. 왕의 권위로 산호섬을 차지할 수 있다고 생각한다. 통나무로 보트를 만들어 낚시하고 또 다른 모험에 나선다. 『파리대왕』의 아이들은 근시 안경으로(오목렌즈라서 실제는 불을 피울 수 없다) 불을 피워 멧돼지 고기를 굽지만,『산호섬』의 아이들은 망원경의 볼록렌즈로 불을 피워 생선을 구워 먹는다.

랩프의 눈은 수평선을 찾지만, 잭의 눈은 산등성이의 짐승을 쫓는다. 카인과 아벨의 갈등이 순진무구했었을 아이들이 조난당한 섬에서도 시작된다. 평면과 경사면. 랩프와 잭의 몸 씀이 달라진다. 그 사이 어디쯤, 파도의 굴곡 또는 산의 계곡이 있고, 돼지와 로저와 사이먼이 있다. 사이먼의 숲속 지성소는 덩굴들이 난파선의 밧줄들처럼 늘어져 있다. 거기서 귀 기울이면 어둠이 섬 쪽으로 다가오고, 대양의 나지막한 파도 소리가 실핏줄처럼 흐른다. 바다는 수평과 수직이 무수히 섞이는 곳이다. 수평이 수직이 되는가 싶다가도 어느 순간 수직이 다시 수평이 되는 것을 무한 반복한다.

숲속에서의 사냥은 가면과 매복이 필요하다. 멧돼지가 냄새를 맡지 못하도록 온몸을 개칠하는 순간, 잭과 로저는 검은 그림자를 거느린 악마로 변한다. 인간은 가면을 쓰는 순간 이미, 다시, 짐승이다. 무엇이나 찌를 수 있게 된다. 짐승을 쫓으면서, 스스로가 쫓기게 된다. 그렇게 잭과 로저는 섬뜩한 존재가 된다. 랩프는 물속에서 오히려 편했다.『산호섬』의 아이들은 숲이 아니라 바다로 뛰어들었다. 옷까지 벗어 던지고 잠수한다. 여기서는 잭도 물속에서 웃으려고 했다.

구원의 배가 수평선에서 무심한 듯 피워 올리는 연기는 아드리아드네의 실타래처럼 횡으로 풀린다. 산정에서 피워올린 봉화는 검은 연기라야 한다. 수직으로만 향한다. 그래서 가끔은 꺼질 수밖에 없다. 굽어내려 보는 시선만을 의식하기 때문이다. 상호 응시는 수평이라야 한다. 모닥불 앞에서처럼 뱃사람들은 그렇게 배의 심장이 내뿜는 연통의 연기와 배려의 선미등(船尾燈)이 주는 따뜻함을 나누었다.

『산호섬』의 아이들은 물기둥 바위 쪽에서 연초록색 물체를 발견한다. 그것은 물속 동굴에서 나오는 빛의 흐름이었다. 순백색 산호석 덩어리는 동굴 입구에서 온 바다 빛을 반사하는 등대, 피정(避靜)의 빛이었다. 『파리대왕』의 아이들은 봉화를 올리거나 멧돼지를 잡으러 산으로 올라간다. 공포의 정체를 결정하려고 모임을 열고, 산의 정상으로 올라간다. 멧돼지를 먹는 짐승은 파리이고, 섬의 아이들이고, 인간 내부의 어두운 심연이다. 발톱과 부리가 없는 짐승이 더 사악할 수 있다. 사람에게는 사람이 가장 무서운 법이다. 이쯤에서, 바다는 연대하는 사랑이라는 진실을 꼭 기억하자. 최소한 『산호섬』의 아이들은 그랬다. 펭귄섬의 펭귄들이 그랬듯이.

하늘에서 내려온 짐승은 신이 우리에게 강요한 공포다. 나선형으로 하늘을 비스듬히 가로지르는 낙하산 괴물은 오히려 은밀하다. 사지를 늘어뜨려 십자가에 못 박힌 자세로 바람을 탄다. 머리를 조아릴 뿐이다. 물구나무서지 못한다. 나무에 걸린 후로는 몸을 부풀릴 뿐이다. 병든 영웅들의 초상일 뿐이다. 바다의 괴물은 구부정하게 시커멓다. 거기서 쉼 없이 분출하는 '힘(whiteness)'이다. 무한정의 잠재성, 인디고블루이다. 바다의 리바이어던이 숨 쉬듯이 바다는 들끓는다. 바닷물을 빠져나갈 때 더 장엄하다. 바다는 소리의 세계다. 바다에서는 모든 게 리듬이다. 『산호섬』의 아이들은 유난히 귀가 예민하다.

산호섬은 그냥 바라보는 눈으로는 실체가 잡히지 않는다. 물속으로 헤엄쳐 들어가 물의 렌즈를 통해 느껴야 한다. 그래서 잭은 물속에서 랠프에게 몸을 돌려 웃을 수 있었던 거다. 바닷새의 울음소리, 덤불 속 작은 새들의 지저귐, 해변에 부서지는 잔물결의 리듬, 산호초에 부딪히는 파도 소리를 들리는 그대로 받아들일 줄 알았다. 펭귄섬도 소리로 발견한다. 폭풍우 속에서도 번개의 섬광보다 와르르 부서지는 천둥소리에 더 민감했다. '다이아몬드 동굴'이라고 이름 붙인 해저 동굴에서도 물웅덩이에 떨어지는 음산한 물방울 소리를 듣는다. 해적선에 붙들려 항해할 때 랠프는 강력한 바다가 내쉬는 길고 깊은 숨소리를 듣는다. 돌고래의 숨소리, 돛대가 삐걱거리는 소리, 돛이 떨리는 소리…

『보물섬』의 인물들은 바다 냄새를 물씬 풍기는 사람들이다. 키다리 존 실버는 바다 냄새가 그리워서 히스파니올라호에 승선한다. 해적의 화신 플린트는 존 실버를 무서워하면서도 자랑스러워했다. 존 실버는 소년 해적 짐 호킨스를 자신의 분신으로 여겨 아낀다. 보물섬의 선주민은 갈색의 백인 벤 건이다. 호킨스는 『로빈슨 크루소』의 프라이데이처럼 유럽 야만인들에게 쫓겨 섬 내부로 들어간다. 벤 건은 짐을 무릎 꿇고 환대한다. 해안에 부서지는 파도는 하얀 거품과 천둥소리를 내뿜으며 짐을 바다로 불러낸다. 소년 해적은 불운한 배에 혼자 올라탄다. 유령선이었다. 히스파니올라호는 수많은 뱃사람들이 희생되어 바다 밑으로 사라지는 제단이었다. 그 배의 돛을 다시 움직일 수 있는 것은 환대의 바람뿐이다.

섬을 방문하는 야만인들은 왜 식인종이여야만 하는가? 왜 침략자들이 먼저 섬을 점유하고 있는가? 『산호섬(1858)』의 아이들은 어른들이 지어낸 태평양 섬들에 산다는 식인종 이야기를 들은 대로 상상한다. 해적들은 왜 낭만적이기만 한가? 랠프가 잡혀간 해적선은 엄격한 규율이 지켜지는 합법적인 무역선이라고 포장되어야 하는가? 난파당한 아이들을 원주민 소녀를 구해내는 기사 영웅으로 꾸며내야만 하는가? 섬의 원주민들에게, 끌려간 노예들에게, 복음(福音)은 길들인다는 의미인가? 섬의 원주민 아이들은 사냥놀음이 아니라, 수영, 다이빙, 파도타기가 일상의 놀이인데 말이다. 해적들은 장난삼아 고양이를 바다에 던져버리는 파렴치한들일 뿐이다.

『로빈슨 크루소(1719)』는 강박증, 피해망상증, 과대망상증으로 무너질 수밖에 없는 조난자를 영웅적인 제국주의자로 둔갑시킨다. 이후의 수많은 조난 서사가 변주되었지만, 대니얼 디포가 감추어버린 추한 이면은 좀체 드러나지 않는다. 이방인을 존중하지 않는 부류는 오히려 침략자 유럽인들이었다. 식인보다 더 무서운 것은 자신의 발이 밟은 곳이면 어디든 자신의 소유이고, 그것을 지키기 위한 살상은 신의 계시라고 서슴없이 주장하는 데 있었다. 『보물섬(1883)』에는 노예 이야기가 등장하지 않는다. 소설의 배경 시대인 18세기는 노예무역이 극성을 부리던 때다. 플린트 선장이 보물섬에 숨겼던 70만 파운드의 금화는 노예들의 피와 땀이 만들어낸 것이었을 가능성이 높다. 보물섬은 백인들이 저지른 탐욕과 식인의 현장이었다. 『파리대왕(1954)』에서는 유럽인 자신들이, 그것도 그들의 어린아이들이 식인종일 수 있다는 진실을 인정할 수밖에 없었다.

『파리대왕』의 사냥부대는 굳이 암퇘지를 노려서 죽인다. 대지의 모신을 여신의 신전에서 모욕한다. 암퇘지의 창자를 뒤집어 파내고, 암퇘지의 머리는 막대기 창에 걸어 짐승에게 바친다. 그렇게 잭은 스스로 파리 떼의 대왕이 된다. 아이들에게는 공포의 마왕이 된다. 예언자 사이먼만이 파리대왕의 실체를 알아본다. 사이먼은 암흑의 핵심을 보았다. 사이먼은 짐승을 속박하는 끈을 풀어주고, 바다로 향한다. 그리고 스스로 짐승이 되어 광기에 빠진 아이들에게 뜯기고 찢겨 죽는다. 낙하산에 실려 하늘에서 내려온 또 다른 짐승도 산허리 아래로 떨어져 내려와 바다로 들어간다. 짐승은 내부의 암흑이었고, 펼쳐진 검은 바다였다. 사이먼은 해신(海神)이 되어 바다로 돌아갔다. 돼지는 바다로 떨어졌고, 랠프는 숲속 공터에서 웃음 띤 해골을 친견한 후, 사이먼의 지성소에 숨어들었다가, 자신이 그렇게 신봉했던 불에 쫓겨 바다로 추방되었다. 이후로 바다는 스스로의 내장을 수시로 내보인다. 스스로를 희생하는 제물만 받아들인다. 사이먼과 돼지와 소라는 바다 도처에 살았다.

맥베스의 바다는 불온하다

Fair is foul, and the foul is fair
—『Macbeth』Act1, scene1에서

마녀는 천둥과 번개를 거느리고 황야에 나타난다. 혼돈의 바다를 항해하는 맥베스와 늘 함께한다. 레이디 맥베스('맥베스 부인'이 아니다.)는 맥베스를 신탁으로 선도한다. 레이디 맥베스의 분신이 맥베스다. 마녀 자매들은 세상의 경계에, 바다의 가장자리에 살면서, 시간을 헝클어 운명의 실을 잣자마자 바로 파도로 풀어버린다. 어둠과 빛, 악과 선, 지옥과 천국, 거짓과 진실, 추함과 아름다움, 죽음과 삶, 피와 물이 섞여드는 곳이 바다다. 여신들의 예언은 시간의 질서를 무너뜨려 도덕의 무게를 없애는 행위다. 마녀의 가마솥은 세상의 온갖 추물들이 들어오는 바로 그 순간 녹여낸다. 바다는 마땅한 때를 기다리지 않는다. 맥베스는 그냥 마녀이고, 레이디 맥베스이고, 우리이고, 바다이다.

피가 낭자한 곳은 전장의 바다다. 해와 달이 떠오른 바로 그곳에서 폭풍우와 천둥이 일어난다. 평온과 불안은 쌍둥이다. 안개가 자욱한 거미줄의 미로에서 헤맨다. 돛배를 타고 방향을 가늠할 수 없는 바다를 항해하는 자들은 죄다 저주받은 자들이다. 온몸이 흔들려서 도통 잠을 잘 수 없다. 자신을 버린 세상을 용서할 수 없어서 악몽에 시달린다. 맥베스는 권력을 탐해서 살인하는 것이 아니다. 바다에는 단도가 난무한다. 그래서 맥베스는 단도 하나를 휘둘렀을 뿐이다. 피아가 불분명하다. 바다는 변덕(變德)으로 들끓는다. 피들끼리 서로를 난자(亂刺)하는 현장이다. 그래서 시도 때도 없이 생명이 태어나는 곳이다. 난자(卵子)를 찌르고 들어가는 시원의 사건 현장이다. 바다의 여신들은 천지의 방향을 알려고 하지 않는다. 난파한 키잡이들의 엄지손가락을 거두어들일 뿐이다.

레이디 맥베스는 수유의 미덕을 거부한다. 젖먹이에게 양육의 젖이 아니라 쓸개즙을 빨게 한다. 자신의 젖가슴 살이 쓸리고 벗겨지고 성나서 거꾸로 일어서겠지만, 남성성의 횡포에 대한 반역을 실행하려면 이런 희생쯤은 각오해야 한다는 것을 충분히 알고 있었다. 바다의 여신은 자신의 젖을 빠는 아이가 미소를 짓는 바로 그 순간 그 아이의 골통을 박살내버릴 수도 있다. 바다는 자신의 칼이 제 몸을 난도질하는 상처투성이다. 바다가 밤이어야 제격인 이유다. 바다는 쥐가 들끓어도 은밀하다.

맥베스의 살인은 우유술(posset)로부터 시작한다. 던컨의 잠자리를 지켜야 할 파수꾼들이 레이디 맥베스가 우유에 술을 넣어 조제한 독약을 마시고 먼저 쓰러져 버린다. 그들을 잠재웠던 술이 맥베스 부부에게는 불을 지핀다. 욕망의 바다는 맥베스 부부를 잠들지 못하게 한다. 맬컴을 왕좌에 복원시키려는 역반란은 여신을 깨워 밤바다를 걸어 다니게 만든다. 레이디 맥베스는 스스로 여성성을 제거하지만, 맥더프의 승리는 어머니의 자궁을 파멸시키고 만다. 맥더프가 버남 숲을 제거해서 황야로 만들어 버리자, 그 숲은 던시네인의 바다로 걸어가서는 익사해버린다. 그 후로 세상의 왕들은 거세된 자들로 대를 이어갔다.

바다에서는 모든 일이 한 번 저질러지면 그걸로 끝이다. 결코, 되돌릴 수 없다. 피 묻힌 손을 바닷물에 담그면 씻겨나가겠지만 핏자국들은 다시 거두어들일 수 없다. 바다에서는 시간이 흐르지 않는다. 쌓일 뿐이다. 바다의 기억은 그런 것이다. 당신은 바다를 떠날 수 없는 운명이다. 그렇다면 핏물은 그냥 흘러가게 내버려 두어야 한다. 그렇다고 손에 칼을 드는 것을 피하지 말아야 한다. 바다는 온통 칼춤이지 않은가.

바다의 정령들과 헤카테에게는 종소리도, 늑대 울음도, 사냥개 짖는 소리도, 물살 부서지는 소리도, 대포 소리도 들리지 않는다. 모든 것은 바다에서 그냥 섞이고, 섞이고, 섞일 뿐이다. 박쥐의 피, 표범의 독, 두꺼비의 체액, 살무사의 독, 그리고 빨간 머리 계집애 3온스를 넣어서 빙빙 돌려야 한다. 그래야 선 그 자체보다 가증스러운 위악을 몰아낼 수 있다. 바다는 거짓말쟁이들의 나라다. 민중의 바다다. 추방된 자들의 무덤이다. 정직하다고 우기는 사람들의 목을 파도 끝에 매달아 버려야 한다.

바다에서는 당신의 감각이 혼란스럽다. 감정 이전의 일이기에 착란이다. 바다는 무질서하고 흔들리고 형태를 거부한다. 원인과 결과의 틈을 인정하지 않고, 오히려 바다 위의 배란 배는 다 전복시키고, 뱃사람은 죄다 수장한다. 바다는 결과의 창끝과 칼날들만을 받아들인다. 그렇게 베인 것들이 넘쳐나는 피의 바다에서는 허우적거리는 것이 마땅하다. 자기 파괴의 치열함이 바다를 사는 법이다. 그래도 바다의 마녀들은 끊임없이 배를 띄운다. 그리고 우리는 악몽의 바다를 표류한다. 마녀들의 가마솥으로 몰락한다. 여신의 자태는 이렇게 불온하게 아름답다.

바다는 광포하다. 폭력은 공포의 다른 이름이다. 모호해서 두렵다. 끝없는 의심이라서 바다는 불안하다. 바다 위를 걸을 수 있는 것은 그림자들뿐이다. 그림자들이 걸으면서 내는 소리가 폭풍으로 불어온다. 난파가 난무한다. 그래서 광기들이 제대로 숨 쉴 수 있는 곳이다. 바다는 지상의 온갖 소리를 삼켜버린다. 바다는 소리 자체이니까. 바보들의 외침이고 메아리이니까. 포말과 물거품 사이의 심연이 배들을 집어삼킨다. 시간을 사라지게 한다. 죽음이다. 그때 저 푸른 물이 우리가 흘린 피로 붉게 물들 것이다. 그래도 그대, 바다에서는 늘 떠 있어라! 바다에서 안전하기를 꿈꾸지 마라. 왜, 바다는 단말마(斷末魔)의 내지름이라서, 그런 외마디 소리가 뭉친 힘들이라서, 소리의 지극한 떨림이니까. 바다에서는 기표들이 떠돌면서 미끄러진다. 피를 흘린다. 검붉은 광기로…

박쥐-돼지꼬리-고래의 기괴한 항해

> 그런데 지금 너는 거꾸로 하고 있다.
> 한평생 똑바로 선 적이 없어서
> 뭐가 거꾸로 된 건지 모르겠군.
> ― 홍준성, 『카르마 폴리스』에서

『카르마 폴리스』의 박쥐와 『백년 동안의 고독』의 돼지꼬리와 『고래』의 고래는 우선 기괴하다. 심지어는 고독하기까지 하다. 그네들은 몰적 힘들을 혐오해서 세상을 전복하려고 한다. 기성의 것들을 침식해서 분자로 분해한 것들을 재배치한다. 이러한 과정을 주도하는 것은 균류와 박테리아와 바이러스의 전염력이다. 이야기의 힘이다. 이야기는 끊임없이 흘러가고, 기억은 그렇게 흩어졌던 것들을 예기치 않은 곳에 끼워 맞춘다. 그렇게 재배치된 서사는 세상을 바꾼다. 은유가 아니라 변용이 재배치를 가능하게 하는 힘이다. '따라 하기'가 아니라 다른 삶을 살아야 한다.

벌 떼의 뭉치기, 박쥐 떼의 무리짓기, 노랑나비 떼의 우글거림이 약자들의 힘이다. 그들은 무리의 역량으로 일어선다. 고래의 욕망은 몰락해야 한다. 포주와 창녀, 죄수와 간수, 부두의 건달과 노무자, 작고 누추한 것들, 유령들, 바크셔, 약장수와 엿장수와 생선장수가 빈민의 거리에 넘쳐나야 한다. 생명은 아름다워지기가 아니라 추해지기이다. 추함의 권리선언이다. 미물-되기이다. 약한 것들과 강한 것들에게 부여되었던 힘들을 역전시키는 것이다. 혁명은 그로테스크해야 한다.

『카르마 폴리스』에서 거대한 톱니바퀴를 어긋나게 하는 것은 박쥐였다. 어느 눅눅한 가을날 박쥐 한 마리가 난데없이 고서점 다락방으로 날아든다. 고서점의 주인장은 꼽추다. 고서점은 도시의 남쪽에 있다. 박쥐는 책의 활자를 갉아먹는 책벌레를 닥치는 대로 삼킨다. 그중에서도 다듬이벌레목 하목의 책다듬이벌레과에 속하는 먼지다듬이벌레에 주목해야 한다. 세상의 모든 사건과 사태들은 신이 아무 것도 하지 않는 사이에 벌어진다. 그래서 박쥐는 거꾸로 사는 법을 택했다. 무릎이 망가져 다리를 저는 어느 부인(그녀는 도시의 북쪽 빈민굴에 산다.)이 이 박쥐를 고아 먹고 박쥐-인간을 낳는다. 맏공주는 가고일-박쥐의 기괴한 미소를 삼키고 나서 혼돈을 사랑하는 가시여왕으로 다시 태어나고 박쥐-왕자를 낳는다. 이렇게 삼키는 행위는 분자화로 가는 시작이다. 먹이사슬은 삼키고 분해하는 연쇄다.

홍수가 휩쓸어 버리는 곳은 세상의 낮은 곳 빈민굴이다. 그래도 거기 잔해 속에서 송골매 박제는 발견되고 박쥐-인간은 살아남는다. 박쥐-인간의 귀는 어긋나고 부딪히고 무너지고 아프고 슬픈 것들이 토해내는 비명과 비탄의 소리들을 삼킨다. 눈이 퇴화해버린 박쥐-왕자의 눈에서 날뛰는 부서진 분신-유령들의 조각들을 삼킨다. 새로운 생명을 빚어내는 것은 이런 아수라장에서라야 가능하다. 42호는 홍수처럼 쇄도하는 이 소리들을 담아내기 위해 고독 안으로 들어가야 했다. 스스로 '책벌레 박쥐'가 되어서 세상의 활자의 위선을 삼켜버린다. '앞뒤가 안 맞는 책'을 쓰기 위해서였을 것이다. 책들의 집단 매장지에서 활자들이 녹아내리면서 해골들은 거침없이 성교하고, 유령들이 솟구친다. 평생 똑바로 서보지 못한 자들이 거꾸로 살 수 있다. '뒤틀림이 질서인 세계'를 창조하라. 난쟁이들이 전염병을 퍼트리도록 하라. 박쥐 떼가 날고 박제들이 불타올라 번제를 올릴 것이다. 아름다움의 허위를 뒤집기다.

『백년 동안의 고독』은 해적 드레이크로부터 시작한다. 느닷없는 침입이다. 집시가 들어온다. 그리고 바나나 회사가 침탈한다. 돼지꼬리의 묵시록이 이야기를 지배한다. 젖은 흙을 먹는 레베카는 고양이 눈을 갖게 된다. 그 눈은 불면증의 징후였다. 그리고 불면증에 전염된 사람들은 들었던 얘기를 또 해달라고 하고, 그러면 같은 얘기를 또 하게 된다. 불면증이라는 병은 음식을 삼키는 입으로 전염된다. 불면증은 기억 상실의 주범이다. 백 살이 넘어선 우르슬라는 눈이 멀자, 남아 있는 감각과 기억을 이용하여 살아낸다. 나무를 갉아내는 흰개미와 옷을 갉아먹는 좀벌레와 집 뿌리를 파먹어대는 붉은 개미들의 소리를 들을 수 있게 된다. 아마란타 우르슬라는 하혈하다가 투명해져서 죽는다. 돼지꼬리를 달고 태어난 아이는 개미가 데려간다. 『백년 동안의 고독』은 망각을 이겨내기 위한 이야기의 사투다. 민중의 그로테스크한 리토르넬로이다.

부엔디아 집안을 아우르는 것은 여인들의 연대다. 아우렐리아노 대령의 서른두 차례 반정부 봉기가 가능했던 것은 여인들의 힘이 버티고 있었기 때문이다. 남자들의 전쟁은 패하기 마련이고, 연금술과 은세공으로 만들어내는 황금물고기는 헤엄치지 못한다. 기록하지 않은 자의 역사는 왜곡된다. 남자들이 양피지 원고를 해석하기 위해서는 고립이 필요할지 모른다. 그러나 여성이 돼지꼬리가 달린 새로운 인간을 받아서 양육해내려면 고독이 필요하다. 불안, 울분, 절망, 포기, 권태, 슬픔, 후회, 반성은 고독의 자세가 아니다. 여성-되기는 먼지와 돌 조각들을 바다로 날려 보내는 태풍처럼 분기탱천이다. 추녀와 마녀와 창녀가 주도하는 혁명이란 이런 것이다. 새로운 종족의 세대를 번식해내는 힘이다. 박쥐를 낳고, 돼지를 낳고, 코끼리를 낳는 힘이다.

『고래』에서 거대한 양물을 가진 반편이를 삼킨 박색의 부엌데기는 딸의 눈을 찔러 애꾸눈을 만들어 버린다. 이렇게 모든 저주와 복수극은 가족에서 시작된다. 벌 떼들이 뭉치면 여왕벌-고래가 될 수 있다. 관능의 남쪽 바다는 고래다. 고래의 몸에서는 풀냄새가 난다. 고래는 분기(憤氣)한다. 고래는 찢어 발겨져 내장을 드러내야 한다. 인간은 팔다리가 생기기 이전의 물고기로 돌아가야 한다. 거대한 '걱정'을 삼킨 거지 여자가 술집 마구간에서 거구의 벙어리 여자 아이를 낳는다. "이불 위에 바늘 떨어지는 소리를 듣고, (작은) 사물을 골똘히 응시하고, (진흙을) 조심스럽게 만져보고, (안개와 밤)의 냄새를 맡아볼 수 있는" 아이의 세계에서라야 고래는 헤엄치는 개망초가 된다. 고래를 해체할 수 있을 때, 코끼리는 새가 되어 날아간다. 가면을 쓴 자는 얼굴을 뜯긴 자들이다. 어지자지가 되어야 한다. 어눌해야 한다. 말을 삼켜버릴 수 있어야 한다. 눈이 멀어야 한다. 고독해야 한다. 소신(燒身)해야 한다. 새로운 감응을 위해서다. 거대한 것들이 해체된 폐허 위에서라야 개망초는 무성하다. 누추한 야생의 개망초만이 화해할 수 있다. 고래의 '개망초-되기'이다.

비뢰시와 평대 그리고 마콘도에서는 세상을 뒤엎어버리는 홍수가 이야기의 허리 역할을 한다. 그 이야기의 주인공인 기형의 괴물들은 홍수를 살아낸다. 그 이야기는 연대기가 아니라 시간이 모래시계처럼 종횡무진으로 뒤집힌다. 100년 동안 날마다 일어날 사건들을 한순간에 한꺼번에 일어나게 하는 것이 리얼리즘이고 그것을 살아내는 것이 사랑의 혼돈이다. 현실과 환상을 가늠할 수 없어야 한다. 농담 같은 이야기는 수없이 반복되면서 차이를 만들어낸다. 새로운 이야기를 지어내려는 자는 신화와 정경의 양피지를 덮어야 한다. 그러기 위해서는 스스로를 유폐해야 한다. 책 읽기와 벽돌 굽기와 은세공은 고독을 주조한다. 새로운 이야기는 고독한 자들의 장르다.

궁전과 극장과 책방이라는 거대 서사에 휘둘릴 수밖에 없는 힘없는 서발턴(Subaltern)은, 비뫼시에서는 홍수와 전염병으로 죽어 나가고, 평대에서는 불에 타죽고, 마콘도에서는 총기로 난사 당한 뒤에 기차에 실려 바다에 수장된다. 죽이고 죽임을 당하다 보면 꺾일지언정 뽑히진 않는다. 자연사(自然死)는 힘을 소멸시킬 뿐, 의미를 산출하지 못한다. 신체는 훼손되어야 한다. 뭉개져야 한다. 죽기 전에는 아기처럼 쭈그러들게 마련이다. 버찌가 되거나 귀뚜라미가 되었다가 쥐들한테 잡아 먹힐 뻔하게 된다. 그렇게 먼지가 되어 가는 것은 퇴행이 아니라 역행(involution)이다. 자기파괴를 통해서 부식을 앞당긴다. 치료는 파괴에서 시작된다. 소외된 것들이 힘을 얻는 원리이다. 이 과정에 참여하려면 분자적인 미시지각이 필수다.

물과 불과 진흙이 그냥 벽돌이 되지는 않는다. 물에는 익사자가 넘쳐야 한다. 불은 사람의 집을 태워야 한다. 진흙은 굵은 다리, 코끼리의 발로 짓이겨져야 한다. 억세고 섬세하고 거칠고 투박한 손이 작용해야 한다. 육체의 쇠잔과 정신의 고독이 단단한 건축물을 짓는다. 거기가 벽돌공장이자 감옥이다. 고독해질수록 단단해진다. 돼지꼬리는 고독의 산물이다. 고독은 동질적인 것들의 동종교배가 아니라, 근친 내의 이질적인 것들의 결연(alliance)이다. 사랑의 고독과 고독한 사랑이 탈주선이 될 수 있다. 역행하는 고독은 유전이 아니라 전염한다. 고독은 리좀의 방식으로 항해한다. 그래서 그로테스크하다.

바다에서는 아래로 날아야 한다

> 오랫동안 비상의 누명을 썼던 새는 그저
> 본래의 자리로 돌아가려 했을 뿐이다.
> ― 황성희, 「안간힘의 세계」에서

 날개가 있어 나는 것일까, 아니면 날게 되니까 날개가 생기는 걸까. 날개가 있는 것들이 나는 것은 상식에 속한다. 날개 없이 나는 것이 진짜다. 변태에는 날개가 필요할 수 있다. 하지만 결정적 형태에 속박되지 않고 그 너머로 가려고 할 때, 변신하려 할 때는 날개가 아니라 상상이라는 힘이 동원되어야 한다. 꿈속에서 우리는 날개 없이 난다. 꿈에서 깨어난 후에야 날개를 붙인다. 날개가 있어야 날 수 있다는 당위를 이성이 사후에 작동시키기 때문이다. 바슐라르는 『공기와 꿈』에서 "비행하는 꿈에 관한 이야기 속에 날개가 등장할 때면 그 이야기는 합리화되어 버린 이야기가 아닌가 일단 의심해 보아야 한다."라고 말했다.

여행자들과 상인의 수호신인 헤르메스의 날개는 어깨가 아니라 발뒤꿈치에 달려 있다. 땅을 박차고 오르는 데 필요한 것이다. 무용(舞踊)과 무도(舞蹈)가 그렇다. 날기는 발 구르기의 변용일 뿐이다. 날기는 원시의 무용과 샤먼의 춤이 기원이다. 아라비안나이트의 양탄자는 발아래에 있다. 천일야화는 넘실거리듯 이어가는 삶의 펼쳐짐이다. 어깨에 달린 날개는 주로 퍼덕이는 데 쓰인다. 천사의 날개가 그렇다. 이카루스가 날기에 실패하는 것은 태양에 가까워질 정도로 높게 날아서가 아니라, 날개를 새처럼 어깨에 붙였기 때문이다. 아니 날개가 있어야 날 수 있다고 잘못 생각했기 때문이다.

영혼이 나는 방향이 꼭 상승이라야만 하는가. 천사가 나는 방향은 옆쪽이나 아래쪽으로다. 수평으로 헤엄치거나 하늘에서 땅으로 내려오는 방향이다. 팽창하는 우주에서 태양은 아래쪽이다. 우리가 상승한다고 생각했던 방향은 실은 하강하는 방향인 셈이다. 팽창하는 벡터의 방향은 어둠 쪽이지 밝음 쪽이 아니다. 영혼은 그냥 움직임 자체이다. 머무름에 대한 거부이자 떨쳐 일어남이다. 그래서 갑자기 몸을 일으키면 영혼은 현기증을 일으킨다. 날 때는 모든 감각이 달라지기 때문일 것이다. 움직임은 또한 두려움을 유발한다. 진짜 날기는 추락에 대한 두려움을 벗어날 때라야 가능하다. 날기는 추락을 긍정하겠다는 각오이다. 몰락을 기꺼이 감수하겠다는 다짐이다. 꿈속에서 모든 배는 아래쪽으로 떠내려간다. 보들레르는 『악의 꽃』에서 상승은 "숱한 못을 넘고, 골짜기 넘고, / 산을 숲을, 구름을, 바다를 넘어, / 태양도 지나고, 창공도 지나, / 또다시 별나라 끝도 지나"는 것이라고 노래한다. 보들레르의 「알바트로스」는 바다를 미끄러져 가는 배를 따라 활주의 하강을 하고, 「고니」는 울퉁불퉁한 땅바닥 위를 하얀 깃을 끌고 간다.

현실 세계의 우리에게 날개는 언제 의식되는가? 휴식과 잠에 떨어질 때 우리는 날개를 먼저 접는다. 우리의 상상력은 오감의 문을 닫으면서 활동을 시작한다. 꽃잎이 떨어져야 할 때가 되면 날개가 먼저 부러진다. 아니 날개가 꺾였을 때라야 온전한 비행이 가능해진다. 무덤에 묻혀서 영생하려면 관에 들어갈 수 있을 정도로 팔을 몸통에 붙여야 한다. 혼불은 한 생명이 죽기 직전에 먼저 날아간다. 바다에서 추락할 때는 잠수정 같은 동체가 필요한 것이다.

견고한 계층이 이미 자리 잡은 사회구조 속에서는 상승하려는 욕망을 버릴 때라야 우리는 자유로워진다. 목표를 달성하기 위한 수단으로 나는 것이 아니라, 날기 그 자체를 충족시키는 날기는 어떤 것일까. 리처드 바크의 『갈매기의 꿈』이 그런 경우이다. 바다에서 새들은 낮게 날아야 살아남지만, 어떤 외톨이 새는 그것을 거부한다. 자유의 의미는 날기를 향한 끝없는 도전 그 자체일 터이다. 높이의 피안이 목적지가 아니다. 내리꽂히는 속도는 힘이자 아름다움이다. 존재가 스스로를 구현하는 방식인 것이다. 그건 갈매기 사회의 관습을 거역하는 행위여서 조나단은 추방당한다. 중력을 떨쳐버린다는 것은 나를 짓누르는 억압과 강제를 거부하는 것이다. 먹이를 쉽게 구할 수 있는 방식의 날기에 안주하지 않고 강풍에 날려가 버릴 수도 있는 위험을 감수할 수 있어야 한다. 그러기 위해서는 맞부딪히기를 꺼려왔던 내면의 두려움을 직시할 수 있어야 한다. 영화 <타이타닉>에서 잭과 로즈가 붉게 물든 석양을 배경으로 뱃머리 난간에 서서, 마치 선수상(船首像, figurehead)처럼 날아가는 포즈를 취하는 것은 상류사회의 가식과 허례를 벗어나겠다는 선언이다. 1등 객실의 연회장에서 쫓겨날 때 잭은 로즈에게 쪽지를 건넨다. 거기에는 "매 순간을 소중히(make it count)"라는 글이 쓰여 있다. 그리고 잭과 로즈는 아래쪽으로 내려가 삼등실 파티에서 자유를 구가한다. 그들이 배를 탈출하는 곳은 선미의 난간이다. 난다는 것은 이렇게 생의 난간에서 모든 순간을 충실히 살겠다는 것이다. 구명보트는 밧줄을 내리는 방향이다. 구원은 아래쪽에 있다.

 멀리 날고자 하는 갈매기의 꿈은 어떤 것이라야 하는가? 자신을 비워내는 방식이라야 한다. 뼛속을 비워내서 허공을 채우는 방식이다. 비워낼수록 머리는 허물처럼 가벼워진다. 그렇게 가벼워져서 바람에 맞서는 것이다. 우리의 생각을 날렵하게 만들어서 세상을 소요(逍遙)하겠다는 것이다. 가장 높이 나는 새가 가장 멀리 보는 걸까?

높이 날면 날개보다 눈이 먼저 아플 것이다. 어지러울 것이다. 날갯짓을 부지런히 한다고 높이 날아지는 것도 아니다. 제자리에 머무르기 위해서 벌새는 무려 초당 삼천 번의 날갯짓을 해야 한다. 『장자』의 붕새는 한 번의 날갯짓으로 수천 리를 날아 남쪽의 깊고 검푸른 바다로 간다. 붕새는 날기 이전에 북쪽 바다의 곤이라는 물고기였다. 바다에서 물고기는 이미 날고 있었다. 매질이 다를 뿐, 수영과 비상은 연속적이다. 새와 물고기가 나는 것은 어떤 인간적인 목적조차 거부하겠다는 의지의 표현이다. 문장에서 수식어를 지워내고, 급기야는 주어까지 잘라내면, 동사만 남는다. 말줄임의 극한이다. 그런 동사의 속성은 질주다. 하방으로의 질주가 가장 통쾌하다. 올바르게 나는 방향은 수평 또는 하방이다. 간곡해지는 방향이다.

구속이나 속박을 벗어나는 것은 어떻게 가능한가? 멈추어 있을 수 없는 것들은 날아야 한다. 나는 방식은 다양할 것이다. 파울 클레의 〈새로운 천사(Angelus Novus)〉는 뒤쪽으로 떠밀려가듯이 날아간다. 『파우스트』의 오이포리온은 공중 높은 곳으로 튀어 오르고 싶어서 몸을 던진다. 히치콕의 영화 〈새(The Birds)〉는 우리를 엄습하듯이 내리꽂힌다. 주로 관습에 절은 눈동자를 집중적으로 쫀다. 에드거 앨런 포의 소설 「소용돌이 속으로의 추락(A Descent into the Maelstrom)」에서 범선은 소용돌이의 안쪽 면에 붙들려 날듯이 항해한다. 미셸 투르니에의 『방드르디』에서 염소 '앙도아르'는 연이 되어 범선처럼 바다를 날다가 바람의 하프가 되어 공중에서 노래를 부른다. 원초적인 소리의 세계다. 물질의 상태에서 난다는 것은 이렇게 4원소가 함께 어우러져 춤을 추는 것이다. 비어 있음을 시로 포착하려는 몸짓이다. 온몸을 오체투지하는 기투라야 한다.

꽃나무가 꽃잎을 떠나보내는 것이 아니라, 이파리가 나무를 놓아주는 것이다. 하늘이 새를 자유롭게 하는 것이 아니라, 새가 하늘을 자유롭게 하는 것이다. 이런 방식으로 날 때 우리의 감각은 어떻게 변할까. 원소적 상상력으로 돌아가는 것이 우선 과제다. 질료의 세계로 돌아가서 다시 시작하는 것이라야 한다. 『티벳 사자의 서』에서 죽은 사람이 최초로 보게 된다는 흰빛은 밝은 빛을 말하는 것이 아니라, 투명함 그 자체의 질료를 뜻할 뿐이다. 최초의 기억도 없는 상태, 원초적 시작점으로 되돌아가야 한다는 뜻일 것이다. 들려 올려지는 것이 아니다. 근원 순수의식의 상태로 되돌아가는 것이다. 새로운 잠재태를 다시 시뮬레이션하려는 것이다. 극미세의식이 모든 윤회와 열반의 근원이다. 오직 느낌에 충실할 때 새로워질 수 있고 처음이 된다. 수행이란 절체절명의 순간에 깨어 있으려는 분투이다.

날개는 안간힘으로 날기를 그만둘 때 비로소 느껴진다. 바닥 가까운 곳에서는 날개를 더 저어야 한다. 날개를 펼치기 전에 날개 접는 법을 먼저 익혀 두어야 한다. 길은 하강의 방향이라야 진솔하다.

이왕이면 수직으로 추락하는 법을 익혀야 한다. 평생 비상하는 꿈을 꾸면서 우리가 단련하는 것은 추락에 대한 두려움을 극복하는 방법일 것이다. 그 두려움을 극복하는 가장 바람직한 방법은 추락에 대한 긍정이다. 땅에 내려와야 할 때, 내려앉으면 된다. 우주적인 맥락에서 추락과 비상은 같은 방향이다. 추락은 고귀함에 이르는 길일 수 있다.

비상(飛翔)은 비상(飛上)이 아니다. 멀리 나는 것이지, 위로 높이 나는 것이 아니다. 소용돌이치는 것을 말하지, 떠 있는 것을 말하는 것이 아니다. 상태가 아니라, 운동이다. 우리를 빛으로 이끌려는 철학에 주의하여야 한다. 우리를 높은 곳으로 데려가려 하는 종교를 경계해야 한다. 빛을 보듬는 것은 어둠이다. 위를 떠받치는 것은 아래다. 그래서 우리가 다시 시작하는 곳은 항상 어두운 아래다. 날기는 그렇게 끝없이 다시 시작하려는 애씀이다. 난다는 것은 난간에 서겠다는 것이다.

바다는 구멍이 있어 매끄럽다

> 파도처럼 타오르는, 무너지는,
> 문득 멈추어서, 멈추어서, 멈춘 채
> — 이장욱, 「움직이는 바다」에서

바다는 온통 방향이다. 그런데 오리무중이다. 중심이 없기 때문이다. 간혹 있다고 해도 항상 이동한다. 무변의 세계를 동서남북으로 사등분하는 편법을 쓸 수밖에 없다. 잘게 쪼개서 32등분으로 나누어 바람개비를 붙여보기도 하지만, 바람은 결코 나누어지는 것이 아니다. 애써 나누려고 하면 섞여 버린다. 바다에서 회오리바람이 불고 소용돌이치는 이유다. 그리고 바다에서 방향의 계산은 더하기와 빼기의 연산이다. 항해에서 모든 계측과 계산은 잠재성의 증가와 감소의 역량을 재는 것이다.

잠재성의 방향은 전방위적이고 전시제적이다. 과거는 항상 변한다. 미래는 오히려 고정태일 수 있다. 시간이 과거와 미래만 있다면 어불성설이다. 시간은 소음처럼 혼성이다. 시간의 축들은 다기관이다. 혼돈 그 자체다. 전지적 시점(時點). 교란되는 것은 시간부터다. 기원이 없으므로 미래도 없다.

바다에 방향이 없다. 모든 것이 모든 방향으로 움직일 수 있다는 것이다. 바다는 시작점과 끝점이 없이 경로의 집적일 뿐이다. 그래서 바다는 모든 사태를 서로 연결할 수 있는 역량을 배태하는 자궁이다. 여러 방향으로 움직일 수 있다는 것 자체가 생성의 리듬이다. 접속하는 흐름으로 가득 찬 바다. 바다는 주름이다. 이것들의 우발적인 얽힘으로만 가득한 근접 공간. 전적인 감각 그 자체. 어떠한 형태도 일어서는 것을 허용하지 않는다. 모서리가 없다. 그래서 바다는 매끄럽다. 증식하는 바다에서는 유목의 항해를 하라. 수평선을 지워라. 제국으로 가는 '홈-패인-길'을 봉쇄하라.

바다가 '울퉁불퉁한 프랙탈'인 이유는 방향의 연속적인 변주이기 때문이다. 아직 '-아닌' 것들로 충만한 세계이다. '~하지 않기로 한' 것들의 종묘장이다. 못자리이다. 무너지는 일들이 생업이다. 모든 것을 녹여버려야 성이 차는 용광로이다. 남아나는 게 없는 게걸스러움이다.

만델브로트의 프랙탈은 감각의 경계 늘리기이다. 그렇게 감각의 경계가 무너지면 우리는 비로소 미시-지각을 경험하게 되고, 끝내는 지각-불능이 되고, 거기서 강도적 변신이 이루어진다. 바다는 그러한 변신이 일어나는 점막 상태를 일컫는 말이다.

범선은 무너지려는 각도라서 위태하지 않다. 어긋나는 연속이라서 오히려 평평하다. 불균질의 꺼칠꺼칠함, 지그재그로 항해해야 촉지할 수 있는 매끄러움이다. 배를 추진하는 힘은 바람이 아니라, 바다라는 질료이다.

『트리스탄과 이졸데』를 태운 배는 바다를 촉지하는 기계다. 촉수(觸手)다. 그 배는 경도(욕망의 배치)를 달리하면서 이동할 수 있는 강밀도(위도의 위력)를 갖추어가는 현재진행형의 기계다. 바다처럼 배도 기관 없는 신체다. 배는 물과 불과 공기의 접촉면에서 활주하는 땅이다. 배는 경도와 위도의 재즈다. 그래서 항해는 항상 '이것임(haecceity)'이다. 항해사는 배를 타는 것이 아니라, 배가 된다. 그래서 배-항해사-바다가 한 몸이 된다. 순수지각의 상태, 순전한 감응 사태가 된다. 개성을 가진 배들의 고유한 항적이 겹쳐져 해도(chart)라는 '고른 판(plane of consistance)'이자, '판판한 다양체(flat multiplicity)'가 된다. 그렇게 해적이 종횡하는 항해가 이루어지고, 지구 행성 차원의 세계가 생성된다. 해도는 가로지르는 다이어그램이다.

바다는 구멍이 있어 매끄럽다

바다에는 처음부터 얼굴이 없다. 있다 해도 메두사의 무시무시한 얼굴이다. 보기만 해도 죽임을 당하는 얼굴은 이미 얼굴이 아니다. 메두사는 얼굴이 아니라 머리카락이 아름다운 여인이었다. 머리카락 한 올 한 올이 실뱀이었다. 히드라는 머리일 뿐이라서 자르면 자르는 대로 분열한다. 아름다움은 분열하면서 독을 내뿜는다. 독을 내뿜을 수 있어서 불사한다. 바다는 모든 얼굴을 빨아들이는 소용돌이다. 달의 뒷면처럼 매끄럽다.

베이컨의 그림은 얼굴을 뭉개고 비틀지만, 운주사 천불 천탑은 그 머리마저도 날려버리는 망나니의 칼춤이 작동하는 현장이다. 살의 추락으로, 뼈의 바스러짐으로 탄생하는 기형의 괴물이 대낮에 버젓이 활개친다. 그들에게는 지각 불능의 어둠이 자양분이다. '고기-벌레-되기'이다.

바다에서는 감각과 힘들이 종횡무진한다. 감각과 감응이 선후가 없이 동시에 공존한다. 힘들의 휘두르기가 난무한다. 오히려 지우면서 특이점의 연속이라는 사태가 횡횡한다. 모든 지면(紙面)은 파지(破紙)하라. 파편(破片)을 파쇄(破碎)하라. 쟁기-배로 갈아 엎어라. 써레-널배로 평토(平土)하라.

지우고 지우는 힘. 실종의 아발랑쉬(Avalanshe). 증발의 폭포수.

흩어지려고만 애쓰는 파도의 근육들. 어떤 것이 되려고 하면 먼저 사라져야 한다. 표정을 바꾸고, 모가지를 비틀고, 가면을 찢고, 종내에는 서 있는 자리까지 바꾸어버리는… 설 자리까지 빼앗아 버리는, 물구나무선 자세까지 무너뜨려버리는… 그래서 바다가 다시 서로 다른 물이 된다는 것.

바다는 구멍들이 있어 매끄럽다. 다기공의 표면. 질그릇의 숨터. 항해는 무수히 존재하는 구멍들을 어떻게 생각하고 배치할 것인가 하는 문제다. 세상을 유통하는 바람은 바다의 구멍에서 시작한다. 조개는 진주를 만들려고 이물(異物)을 몸에 품는 게 아니다. 유사 이래, 바다가 품어 안은 빛과 소리를 토해내려고 경련하는 것이 바람이다. 몰락하는 것들을, 추락하는 것들을 받아서 부패를 완성하는 것이 알-바다의 역량이다.

유령들이 배회하는 개활지인 바다. 못난 신이 세상으로 유배시킨 아이들을 받아내서 먼지로 둔갑시켜 활개의 춤을 추도록 추동하는 산파의 바다. 여전히 태어나지는 않은 채, 마냥 떠돌기만 하는 이미지들의 난장인 바다. 그 바다는 시인들이 스스로를 자폐 시키기에 안성맞춤인 유배지다. 그래서 바다는 고독하다. 뿌리를 내릴 수 없어 떠돌아야만 하는 바다의 수초는 시인들을 옥죄어 비명을 지르게 한다. 익사자들이 만연한 기항지에 들러서 시인들의 입을 벌려 시인들의 단말마의 고통을 꺼내어야 한다.

 바다는 일관성의 평면이고, 의미화를 기도하지 않는, 힘들의 배치와 교차만이 존재하는, 강밀도의 장으로 이루어지는 추상기계이다. 그렇게 매끄러운 바다는 지금-여기에서의 긍정의 화엄바다이다.

파도의 바다-하기

> 파도들은 진동들이며, 언제나 그만큼의 추상들처럼 고른판에
> 기입되는 움직이는 가장자리들이다. (…)
> 각각의 인물은 파도처럼 걷는다.
> ― 들뢰즈/가타리, 『천개의 고원』에서

『파도』는 바다-하기의 소설이다. 이야기 주체들이 마구 섞여 버린다. 버너드, 네빌, 루이스, 지니, 로다, 수잔 그리고 퍼시벌이 각자로 그리고 여러 경우의 수로 이합(離合)하면서 다양체를 이룬다. 로다의 배는 하얗고 세상의 사물과 사건은 온통 하얗다. 루이스는 사슬에 묶인 짐승처럼 해안에서 발을 구른다. 지니의 몸은 춤추는 바다이다. 네빌은 교회의 첨탑 사이에서 돛대를 본다. 퍼시벌은 바다에서 떠오른다. 수잔은 바닷가에서 줍는 돌멩이에서 하얀 언어를 본다. 버나드는 파도가 우리를 뒤덮을 거라고 염려한다. 바다에서 자생할 수 있는 '나'는 없다. 주체들은 변전하는 과정 중에만 있다. 그 주체들은 해의 높이 변화와 파도의 생성이 병행하면서 순수 감

각의 리듬을 주고받는다. 더듬듯이 미세 지각의 흐름을 따라간다. 연결사(connetives)들만이 돋들린다. 무의식의 흐름에는 주인공이 없다. 파도라는 화자는 다성(多聲)이다. 찰나의 인상으로 그려내는 바다는 실체가 없다. 지각과 감응들의 연쇄일 뿐이다. 이미지들이 텍스트를 가로지른다. 차이들을 생산하면서도, 그림자도 남기지 않은 채…

바다는 파편들로 들끓는다. 역사의 약자들이 조각난 상태로 너덜너덜하게 해초의 머리카락으로 흐느적거린다. 꽃잎으로 등대를 세워보지만 여전히 배는 침몰하고, 절벽에 부딪혀서 박살이 나고, 선원들은 익사하고, 파도는 소용돌이친다. 바다의 밑바닥에서는 거품이 인다. 바다는 실패가 아름다운 곳이다. 이렇게 파편화된 것들을 속류(俗流) 인간은 악마라고 규정짓는다. 파편들은 짜깁기되어 인간의 힘을 넘어서는 리바이어던이라고 가상의 적을 만들어낸다. 아름다움은 거상(巨像)을 부수는 파도에서 찾을 수 있을 뿐이다. 나의 몸을 조각조각 낼 수 있을 때 바다에서 파도의 항해는 가능해진다. 세상에 파도가 아닌 것은 없다.

바다는 구멍들의 난장이다. 익명의 사건들로 끓어오르는 중이다. 시원으로 돌아가는 모든 욕망을 해방해주는 곳도 바다이다. 그래서 바다는 바로 구멍이다. 남극과 북극의 물이 지구에 붙들려 있는 것은 지구가 온통 구멍(드므)이기 때문이다. 니플하임의 얼음과 무스펠하임의 불이 만나는 게 가능한 것도 기눙가가프라는 틈새가 있기 때문이다. 무시무시한 괴물 뱀인 요르문간드는 이 바다에서 자신의 꼬리를 물고 있다. 그것이 바다의 자전(自轉)이다.

바다는 소음 천지다. 바다는 노래할 줄 모른다. 그냥 벗어나려고 소리칠 뿐이다. 무너짐의 소리만이 무성하다. 일어서는 것들은 소리를 내지 못한다. 자빠지는 것들만이 절규한다. 빠르게 무너지느냐 느리게 무너지느냐를 다투는 강도(强度)의 차이가 만들어내는 무늬다. 무너지는 속도와 강도의 차별화가 대세다. 찢어지는 힘으로 찢는 힘을 얻는다. 질료로서의 소리의 세계는 그렇게 우주와 교감한다.

바다는 전염력이 강하다. 하늘을 전염시켜서 섬유질의 바람이 불게 한다. 달과 태양을 전염시켜 빛을 쏟아내게 한다. 그렇지만 바다는 신화의 세계가 아니다. 바다는 영원히 해체하는 힘으로서만 존재한다. 그래서 은유와 상징으로 표현되지 않는다. 바다는 욕망의 환유고리로 출렁거린다. 미끄러지는 게 아니라 사방으로 무너져 내린다. 그냥 수직으로 세워두는 것들의 병치, 그런 평등의 층위들이다. 바다의 표면은 그래서 다차원의 리좀이다. 프랙탈의 고른판이다. 운동과 생성은 알레고리 자체이다.

바다는 부단한 무너짐과 일어섬의 반복 패턴이다. 차이와 반복은 가치와 목적이 탈주하는 소용돌이 그 자체다. 니체는 거기서 '능동적 허무주의'를 제안한다. 탈주선들의 극한은 소용돌이의 벡터이다. 파괴가 바로 생성의 질료가 된다. 바다는 무한한 파괴와 창조의 과정 자체이다. 그 과정 자체가 세상의 모든 원시종교가 주창했던 대긍정(大肯定)의 세계이다. 그래서 바다는 시원이다. 바다는 "힘에의 의지"의 다양체이다. 니체가 영원히 생성하고 회귀한다고 말하는 세계는 바다를 두고 한 말인지 모른다. 인과와 도덕으로부터의 자유가 초인의 바다로 가는 첫걸음이다. 바다에서는 목표라는 궁극적인 상태를 상정할 수 없다. 바다는 생성을 시작하는 시점이나 과정을 끝내는 지점이 없다. 바다는 평형 상태를 두려워해서 항상 물구나무선 자세로 움직인다. 니체가 말하는 대안 세계는 그냥 바다다.

> 이 세계는 시작도 끝도 없는 괴물스런 힘이며 (…) 스스로 변전할 뿐인 힘의 스펙트럼이며 (…) 함께 휩쓸아쳐 다니면서 변신하는 힘의 바다이며 (…) 썰물과 밀물처럼 변이하는 형태들의 유희이며 (…) 여전히 스스로를 긍정하는 생성이다. (…) 무구한 자기 창조와 불후한 자기 파괴인 디오니소스의 세계, 이중의 관능이라는 비의의 세계, 선과 악의 그 너머의 세계, 즐거움이 유일한 목표일 수 있는 세계, 이 세계가 바로 '힘에의 의지'이다.
>
> — 니체, 『권력에의 의지』에서

바다의 실체는 자기를 부정함으로써 자기를 극복하는 생성이다. 니체는 아마도 대지가 아니라, '바다로 돌아가라'라고 말하고 싶었을 것이다. 버지니아 울프도 이렇게 '무너짐으로써 다시 일어설 수 있는 힘'을 파도에서 보아내었을 것이다. 태양이 바다를 변하게 하는 것이 아니라, 바다와 태양이 서로 탈주하면서 이 세계가 변하는 것이다. 그렇게 바다는 다양한 강도(强度)의 힘들의 상호작용이다.

그렇다면 '신체 없는 기관'으로서의 바다를 어떻게 표현해낼 것인가. 이러한 바다를 오롯이 담아내는 언어가 있기는 한가. 우선 변화하는 순간을 잡아챌 수 있는 웅숭깊은 언어라야 한다. 성긴 그물인 통상의 언어적인 분절로는 바다의 무의식을 건져 올릴 수 없다. 파도의 힘으로 기표들의 연쇄를 끊어내야 한다. 들뢰즈와 가타리가 말한대로, 파도는 바다를 "절단"하지 않고 "단절(rupture)"한다. 버지니아 울프는 『파도』에서 태양과 바다를 아홉 마디로, 자신을 일곱 명으로 단절했던 것이다. 바다라는 언어는 명명하기가 아니라, 행위하게 하는 힘이다. 언어를 새로운 방식으로 배치하는 장이다. 힘을 행사하는 것이 전부다. 들뢰즈와 가타리가 말하는 바다의 발화는 '집합적 배치'에 다름 아니다. 바다의 언어는 '해도(海圖) 그리기'라야 한다. 모사나 재현이 아니라, 다이어그램이어야 한다. 그래서 항해사-시인들은 항상 바다의 근육이 뿜어내는 습기에 그의 펜인 지느러미가 흠뻑 젖어 있는 것이다. 바다-언어는 발음하는 순간 물고기의 지느러미가 움직이게 하는 역능이다.

버지니아 울프는 파도의 리듬으로 『파도』라는 시를 썼다. 파편들을 주워 모아 바다를 재생하기 위해서 자신만의 특별한 스타일을 발명했다. 독백의 파편들을 오롯이 담아내는 집음기(集音器)를 스스로 고안하였다. 빛과 그림자의 탈주선을 함께 포착할 수 있는 화폭을 사용한다.

바다는 시작과 끝이 없는 그냥 흐름이다. 그 흐름은 어느 특정 시점에서 시작되는 것도 아니고 어느 미래 시점이 특정되는 것도 아니다. 파도는 시간을 펼치고 접을 뿐이다. 하나하나의 물방울은 구부러지면서, 떨어지면서, 녹으면서 저마다의 사정(事情)을 담고서 함께 모여 표류한다. 그래서 바다는 반과거와 전미래 시제이다. 시간을 정할 수 없는, 그래서 모든 시간이 혼재하는, 어떤 주체도 감당할 수 없는 시간의 총체성이다. 아니 모든 상상 가능한 시제의 다양체이다. 그렇게 물방울의 시간은 특별한 사건 없이도 중단없이 '지속'한다.

파도는 파편들이고 파선(波線)들이다. 파선(破船)시키는 힘이다. 파도를 리바이어던이나 포세이돈으로 읽으려는 허위와 기만을 무너뜨리는 강력함 무기로서의 알레고리가 동원되어야 한다. 순간적인 인상들을 파편적 서술 방식으로 붙잡을 때 필연적으로 생길 수밖에 없는 바늘땀이라는 틈새에 주목해야 한다. 파도의 어긋남에 천착해야 한다. 저 한순간의 물방울에서처럼 지금-여기로 다른 시간이 중첩되게 해야 한다. 물방울들이 서로 맞물리는 방식에 주목해야 한다. 어쩌면 바다-언어는 순간의 파편 조각들을 이어보려는 힘겨운 몸짓이다. 찰나의 느닷없는 몰락이 촉발시키는 촉촉함에 감응할 수 있을 때 잠재성이 발현하게 될 것이다.

바다는 자아를 없애야 비로소 보이는 세계이다. 바다를 살아내려는 작가와 화자 그리고 등장인물은 비개인적이어야 한다. 우리가 세상 모든 사람이 될 수 있어야 한다. 그러기 위해서는 오로지 지각하고 감응만 해야 한다. 간주(間奏, interlude)에서는 해가 바다를 내려다보는 것이 아니라, 바다가 해를 올려다보는 것이 아니라, 빛의 입자와 물의 입자가 그냥 섞인다. 『파도』의 구문들은 '누가 말했다'라고 표시를 남기지만, 누구의 말이라고 해도 좋다. 떨어지기만 하는 침묵의 물방울은 치환이 자유롭다. 『파도』의 인물들은 어떤 성향이나 능력을 가진 잠재성일 뿐이다. 아직 무언가로 고착되지 않은, 여전히 '-되기' 중인 인물들이다. 퍼시벌은 이미 부재하는 그들의 분신이다. 그들을 존재할 수 있도록 해주는 '비어 있는 중심'이다. 그래서 그들이 사용하는 화법은 자유간접화법이라야 한다. 자유간접화법은 언표의 주체와 언표행위의 주체가 포개져서 동조나 공명이 일어나게 하는 장치이다. 등장인물끼리, 그리고 그들이 자연과 소통할 수 있도록 연결하는 밧줄의 역할을 한다. 『파도』의 작가와 화자와 등장인물의 발화는 구분되지 않는다. 특정 개인이 말하지만 사담이 아니다. 경계를 지우는 화법이다. 『파도』에서의 언표 행위는 집단적 배치일 뿐이다. 버지니아 울프가 구사하는 바다-언어는 모든 등장인물과 화자를 해방시킨다. 언어 그 자체가 흐르게 한다. 밀가루 반죽을 뜯어내서 툭툭 던지듯이 발화하고, 수제비는 물 위에서 튕기기만 한다. 그러다 심연으로 떨어진다. 말이라는 사태 이전으로 돌아가서 말하는 화법이다. 이질적인 것들이 뒤섞이면서 서로 충돌하는 다성(多聲)이면서, 소음(騷音)이다. 소음(消音)이다. 원음(原音)이다. 원음(圓音)이다. 원음(遠音)이다.

파도는 춤이다. 생성이다. 시간을 정할 수 없는, 그래서 모든 시간이 혼재하는, 어떤 주체도 감당할 수 없는 카오스의 춤이다. 딱히 내가 춤추는 것도 그가 춤추는 것도 아니지만, 누군가는 춤추고 있는 것이 바다다. 순수한 잠재성만을 표현할 수 있는 동사의 바다. 혼자서 춤출 수 있는 동사의 바다. 바다에서는 주체의 등장 이전에 행동과 사건의 잠재성이 먼저 드러난다. 의미가 다만 꿈틀거리고 있을 뿐인 유동화의 사태이다. 무언가를 변하게 할 수 있는 힘의 역능이다.

바다-언어는 '세계-내-존재'로서 감각 이전의 지각불가능한 세계를 열어 밝히려는 고난의 여정이다. 기표와 기의의 구분이 사라지는 '현존재'가 그냥 존재하는 방식이다. 차이와 사이의 세상, '지연'이라는 시간 그 자체, 어둠인 구멍들의 난분분이다. 모든 형태의 구별이 없어져서 오히려 홀가분한 존재의 순간이다. 힘들을 포획하려 애쓸 뿐, 형상을 빚으려고 해서는 안 된다. 탈주선들을 그려내야 한다. 바다-언어는 소수자-되기를 실천해야 한다. 컨텍스트에 따라 끊임없이 변하는 문장을 구사해야 한다. 갈기를 세우는 짐승이 울부짓는 소리를, 무너지는 자의 신음소리를 내야 한다.

말이 바로 행동이 되는 바다를 어떤 문체로 표현해야 가능한가. 언어 자체의 흐름의 역능으로 무의미를 생성하는 무의식의 세계인 바다-하기의 현장은 알레고리라는 문체로 자유간접화법과 부정사라는 무시제로 표현할 수밖에 없을 것이다. 이제-여기에서 살아나는 것은 바다다. 버지니아 울프의 파도는 디오니소스적 생성을 가능하게 하는 추동력이다. 힘에의 의지이다. 스스로를 무너뜨리고 다시 일으켜 세우는 생성의 과정이다. 스스로 변화하는 흐름이다. 파도를 질주케 하라! 어둠의 파도가 다시 해안을 덮치게 하라!

문학 속 바다-이미지

1판 1쇄 펴낸날 2024년 5월 17일

지은이 정기남
펴낸이 서정원
펴낸곳 도서출판 전망
주소   48931 부산광역시 중구 해관로 55(201호)
전화   051) 466-2006
팩스   051) 441-4445
이메일 w441@chol.com
출판등록 제1992-000005호
ⓒ정기남 KOREA

ISBN 978-89-7973-625-0
값 16,000원

* 저자와의 협의에 의해 인지를 생략합니다.
* 이 책 내용의 전부 또는 일부를 재사용하시려면 저작권자와 도서출판 전망 양측의 동의를 받아야 합니다.